数据驱动的农产品质量
安全预警机制创新研究

SHUJU QUDONG DE NONGCHANPIN ZHILIANG
ANQUAN YUJING JIZHI CHUANGXIN YANJIU

祝翠玲 著

中国财经出版传媒集团

经济科学出版社
Economic Science Press

图书在版编目（CIP）数据

数据驱动的农产品质量安全预警机制创新研究/祝翠玲著．—北京：经济科学出版社，2020.6
ISBN 978-7-5218-1576-4

Ⅰ.①数… Ⅱ.①祝… Ⅲ.①数据处理-应用-农产品-质量管理-预测-机制创新-研究
Ⅳ.①F307.5-39

中国版本图书馆CIP数据核字（2020）第083356号

责任编辑：宋　涛
责任校对：隗立娜
责任印制：李　鹏　范　艳

数据驱动的农产品质量安全预警机制创新研究
祝翠玲　著
经济科学出版社出版、发行　新华书店经销
社址：北京市海淀区阜成路甲28号　邮编：100142
总编部电话：010-88191217　发行部电话：010-88191522
网址：www.esp.com.cn
电子邮件：esp@esp.com.cn
天猫网店：经济科学出版社旗舰店
网址：http://jjkxcbs.tmall.com
北京季蜂印刷有限公司印装
710×1000　16开　11.25印张　170000字
2020年9月第1版　2020年9月第1次印刷
ISBN 978-7-5218-1576-4　定价：39.00元
（图书出现印装问题，本社负责调换。电话：010-88191510）
（版权所有　侵权必究　打击盗版　举报热线：010-88191661
QQ：2242791300　营销中心电话：010-88191537
电子邮箱：dbts@esp.com.cn）

前　言

　　食以安为先。随着"多宝鱼"等食品安全事件的不断发生，农产品质量安全问题已经引起全社会的关注。而质量安全事件的预防和控制远比其事后处理更加重要，农产品质量安全预警是利用先进管理思想，对农产品质量安全问题采取科学有效的预警方法进行预测和防控，进而保障其质量安全。因此，科学预警已经成为解决农产品质量安全问题的重要手段。

　　另外，随着物联网、云计算等新兴技术的快速发展，RFID、GPS、传感器等技术在农产品供应链中得到广泛应用，农产品质量安全信息以爆炸式增长态势进入大数据时代，使得农产品质量安全预警管理越来越依赖于数据分析，而非经验，促使农业要逐渐形成以数据驱动决策的工作机制，也为数据助力农产品质量安全预警机制创新提供了机遇。

　　本书共分为八章。第一章从介绍农产品质量安全预警的背景开始，对农产品、农产品质量安全的概念进行了详细界定，然后对农产品质量安全问题的五大经济学特征进行了介绍，最后对质量安全预警相关理论以及农产品质量安全预警进行了描述。

　　第二章在对现阶段我国农产品质量安全现状及存在的问题进行详细介绍的基础上，介绍了国内外农产品质量安全预警及预警系统发展的现状。

　　第三章首先介绍了物联网的发展、概念、特点、技术架构及其在农业中的具体应用情况；然后介绍了物联网的关键技术，最后介绍了农业物联网的概念及其大数据特征。

　　第四章首先对影响农产品质量安全的因素进行了具体分析，然后在此基础上主要介绍了农产品质量安全预警模型的构建过程。在具体实践中，通过环境检测、农产品病害检测、土质、投入品分析等多种手段收集资料，形成影响农产品质量安全的各种因素的数据集，将数据经过标准化处理，进行利用向量空间模型对标准化数据进行向量空间表示、结合 IG 方法和 LDA 主题模型进行特征选择，然后根据农产品质量安全数据的不同特点，进行了基于多元线性回归方法进行农产品质量安全影响因素分析及预测的研究、基于时间序列发现的农产品质量安全预测以及基于高精度拟合模型的农产品质量安全预警模型的构建研究。

第五章在介绍我国农产品质量安全预警中存在的问题的基础上，提出了依托物联网技术通过建立健全农产品市场信息网络平台、发展农业物联网信息融合、加强农产品质量安全云平台建设以及建立高效的预警信息交流和预警平台进行农产品质量安全预警网络机制创新、依托大数据分析技术通过构建预警大数据云平台、构建农产品质量安全预警指标体系、进行农产品质量安全影响因素分析以及建立农产品质量安全预警模型、对农产品质量安全预警信息机制进行创新。

第六章首先介绍了物联网技术与农产品质量安全预警结合的必要性，然后在此基础上介绍了基于物联网技术的农产品质量安全预警系统。

第七章首先介绍了我国农产品质量安全预警体系存在的主要问题，然后介绍了构建农产品市场风险预警机制的对策措施，最后提出了完善农产品质量安全预警体系的对策建议。

第八章对本书的内容进行了总结，并对未来提出了展望。

目　录

第一章　概论 ··· 1

一、背景 ··· 1

二、相关概念 ··· 7

三、研究内容 ·· 33

四、小结 ··· 37

第二章　农产品质量安全管理现状 ·················· 38

一、现阶段我国农产品质量安全现状 ······················ 38

二、农产品质量安全预警发展现状 ························ 53

三、小结 ··· 68

第三章　物联网的应用发展现状 ···················· 70

一、物联网的概念 ··· 70

二、物联网关键技术 ······································· 80

三、农业物联网 ··· 83

四、小结 ··· 85

第四章　农产品质量安全预警模型构建 ············· 86

一、农产品质量安全影响因素分析 ························ 86

二、关联规则发现 ··· 96

三、农产品质量安全预警模型的构建 ····················· 100

四、小结 ⋯⋯⋯⋯⋯⋯⋯⋯⋯⋯⋯⋯⋯⋯⋯⋯⋯⋯ 112

第五章　数据驱动的农产品质量安全预警机制创新研究 ⋯⋯ 114
一、我国农产品质量安全预警存在的问题 ⋯⋯⋯⋯⋯⋯⋯ 114
二、数据驱动的农产品质量安全预警机制创新 ⋯⋯⋯⋯⋯ 117
三、小结 ⋯⋯⋯⋯⋯⋯⋯⋯⋯⋯⋯⋯⋯⋯⋯⋯⋯⋯⋯ 135

第六章　基于物联网技术的农产品质量安全预警系统
**　　　　构建研究** ⋯⋯⋯⋯⋯⋯⋯⋯⋯⋯⋯⋯⋯⋯⋯⋯⋯ 136
一、物联网技术与农产品质量安全预警结合的必要性 ⋯⋯ 136
二、基于物联网技术的农产品质量安全预警系统架构 ⋯⋯ 137
三、小结 ⋯⋯⋯⋯⋯⋯⋯⋯⋯⋯⋯⋯⋯⋯⋯⋯⋯⋯⋯ 152

第七章　构建农产品质量安全预警体系的对策 ⋯⋯⋯⋯⋯ 153
一、农产品质量安全预警体系存在的主要问题 ⋯⋯⋯⋯⋯ 153
二、构建农产品市场风险预警机制的对策措施 ⋯⋯⋯⋯⋯ 155
三、完善农产品质量安全预警体系的对策建议 ⋯⋯⋯⋯⋯ 157
四、小结 ⋯⋯⋯⋯⋯⋯⋯⋯⋯⋯⋯⋯⋯⋯⋯⋯⋯⋯⋯ 161

第八章　结语 ⋯⋯⋯⋯⋯⋯⋯⋯⋯⋯⋯⋯⋯⋯⋯⋯⋯⋯⋯ 162
一、结论 ⋯⋯⋯⋯⋯⋯⋯⋯⋯⋯⋯⋯⋯⋯⋯⋯⋯⋯⋯ 162
二、未来展望 ⋯⋯⋯⋯⋯⋯⋯⋯⋯⋯⋯⋯⋯⋯⋯⋯⋯⋯ 163

参考文献 ⋯⋯⋯⋯⋯⋯⋯⋯⋯⋯⋯⋯⋯⋯⋯⋯⋯⋯⋯⋯⋯ 164
后记 ⋯⋯⋯⋯⋯⋯⋯⋯⋯⋯⋯⋯⋯⋯⋯⋯⋯⋯⋯⋯⋯⋯ 171

第一章

概　论

一、背　景

国以民为本，民以食为天，食以安为先。

随着我国物质生活的不断丰富和人民生活水平的不断提高，社会对农产品的需求日益多样化、优质化、安全化，特别是中国加入世界贸易组织后，面临国际农产品市场的竞争和国外对农产品贸易的绿色壁垒，社会对农产品质量安全提出了更高的要求。随着"多宝鱼""红心鸭蛋""三聚氰胺奶粉""瘦肉精""毒豆芽""广元长蛆柑橘"等事件的不断发生，农产品质量安全问题已经引起全社会的关注。同时也暴露出以下问题：现阶段我国农产品生产环境较为简陋、生产技术含量较低、市场机制发育不完善，使得农产品质量安全事故时有发生，严重威胁着消费者的身体健康和生命安全，影响了中国农产品质量安全的信誉，阻碍了我国农产品出口贸易的发展，农产品质量安全面临前所未有的挑战，到了非抓不可、不抓不行的关键时刻。因此，如何确保农产品质量安全越来越受到全社会的高度重视，已成为消费者关注的重大问题，成为影响农业和农村经济发展乃至我国农产品国际贸易的重大问题，成为我国农业发展新阶段亟待解决的头等大事。

近三四十年，农业繁荣得益于化肥、农药、良种、农业机械、农膜等增产要素的产生，而随着这些生产要素的使用给土壤、水质等带来的负面作用，使其对增产的贡献率也逐渐减少，同时由于农业生产者经营不当而导致的生态灾难，以及大量化学物质和能源投入对环境的严重伤害，造成土壤板结、土壤肥力下降、农产品农药残留超标等现象的出现，"自然农业""生态农业""再生农业"已经成为当今世界农业生产的发展方向。党的十七大鲜明地提出了走中国特色农业现代化道路的新要求，是针对农业农村经济发展提出的新的重大课题，为新阶段农业和农村发展指明了方向。实现农业现代化是世界农业发展的基本方向，也是我国农业发展的长期奋斗目标。因此，对中国农产品安全控制的研究具有重要的理论价值与实际意义。

人们每天消费的食物，有相当一部分是直接来源于农业的初级产品——农产品，农产品的质量安全是食品安全的首要屏障和根本基础[1]。农产品的质量安全与否，不仅与人民群众的身体健康和生命安全息息相关，同时也与一国或一地的社会稳定和经济发展关系密切[2]。为实现农产品质量安全的预防和控制功能，各国政府在加强农产品质量安全监管体系建设的同时，重点加强了农产品质量安全预警系统的研究与开发工作。然而，由于农产品本身的特殊性，如食物成分的多样性、食用质量的多变性、食物结构的复杂性等，造成农产品质量安全预警系统在决策方面具有特殊性和复杂性，决策直接涉及有效提前预防或者及时准确地控制。这就决定了农产品质量安全预警系统研究的艰巨性和困难性，这也是农产品质量安全研究领域研究的重点和难点。

从总体上说，我国农产品质量安全状况基本上处于安全水平。但是，与城乡居民日益高涨的消费水平和消费需求相比，与技术性贸易壁垒日益加剧的国际贸易形势相比，农产品质量安全工作还存在一定差距，农产品质量安全面临的形势仍然十分严峻[3]。近年来，有关有毒大米、有毒面粉、劣质奶粉、瘦肉精、苏丹红以及蔬菜的农药、激素含量超标的报道仍屡见不鲜。而2008年因"三鹿牌"奶粉中因被加入三聚氰胺导致婴幼儿健康受损的恶性事件，更是对中国奶业的健康发展造成

---

① 《浙江省重大科技专项——农产品质量安全与环控农业技术实施方案》，http://www.zjkjt.gov.cn/html/kjjh/detail.jsp? Lmbh = 0207&lmms = % E7% BB% 89% E6% 88% 9E% E5% A6% A7% E6% B6% 93% E6% 92% BB% E3% 80% 8D&xh = 12374。

② 文君：《发达国家农产品质量安全管理一瞥》，http://www.qagri.gov.cn/html/2007 - 7 - 10/2_2167_2007 - 7 - 10_22347.html。

③ 薛亮：《农产品质量安全的关节点》，载《经济》2007年第3期，第54~56页。

十分不利的影响。在进出口方面，出口农产品及加工品因农兽药残留超标出现被拒收、扣留、退货、索赔、终止合同和停止贸易交往的现象时有发生。许多民众"吃动物怕激素，吃植物怕毒素，喝饮料怕色素，能吃什么，心里没数"的心理仍然存在[①]。农产品质量安全问题已成为农业发展新阶段亟待解决的主要矛盾之一，是新阶段农业和农村经济工作中必须解决的一个重大问题。而从世界范围看，近年来，世界性的农产品质量安全问题仍时有发生，造成巨大的经济损失。如20世纪后期发生的二噁英事件，仅比利时的"二噁英鸡"污染事件就造成了约13亿欧元的巨大损失；英国自1986年公布发生"疯牛病"事件以来，政府每年大约补贴8.5亿英镑以赔偿养殖农户的损失[②]。同时，亚洲和欧洲也爆发了"口蹄疫""禽流感"等。这些重大农产品质量安全事件，不仅成为发生国家或地区的公共安全问题，而且也成为世界性的安全问题。

　　近几年来，为了更好地解决农产品质量安全问题，我国在加强农产品质量安全监管体系建设的同时，重点加强了农产品质量安全预警系统的研究与开发工作。综合目前的研究现状可以发现，对农产品质量安全的研究主要集中在管理体制、法律法规、标准、检验检测、认证、市场准入、追溯、标准化生产等农产品质量安全体系建设方面，但农产品质量安全事件的预防和控制远比其事后处理更加重要，农产品质量安全预警是利用以预防为主、科学控制的先进管理思想，对农产品质量安全问题采取科学有效的预警方法进行预测和防控，进而保障其质量安全。因此，科学预警已经成为解决农产品质量安全问题的重要手段。然而，对于如何能通过预警系统保证农产品质量安全的研究仍处于探索的初级阶段。山东省是农业大省，是全国重要的粮食、蔬菜等农产品的生产基地，山东省的农产品质量安全对全国的农产品质量安全具有重大的影响。由于农产品本身的特殊性，如食物成分的多样性、食用质量的多变性、食物结构的复杂性等，以及产地环境污染、农

---

　　① 食品伙伴网：《我国农产品质量安全管理分析》，http：//www.dhfs.gov.cn/Folder7/2007914/1276.shtml.2007 - 9 - 14。

　　② 戚建江、郭智成、金培刚：《我国食品安全战略措施的建议与思考》，食品安全监督与法制建设国际研讨会暨第二届中国食品研究生论坛论文集（上），2005年。

业投入品、外源性添加物、生物毒素等外部因素的复杂性，造成农产品质量安全预警系统在决策方面具有特殊性和复杂性，决策直接涉及能否有效提前预防或者及时准确地控制农产品质量安全问题。这就决定了农产品质量安全预警系统研究的艰巨性和困难性，成为研究领域的一个难点。

另外，从技术角度来看，数据仓库可以将组织中的历史数据收集到一个中央仓库中集中进行管理，它是支持决策过程的、面向主题的、集成的、随时间而变化的、非易失的持久的数据集合①，可以将若干个分布的、异构的数据源经过抽取、清理、转换和集成过程，并按照决策主题（即用户进行决策时所关注的方面）的需要进行重新组织，装载到数据仓库中，对各种异构的数据进行统一存储和管理，并为 OLAP 分析、查询和数据挖掘提供一个统一的接口和标准的数据格式，以支持各级管理部门和管理人员的决策。机器学习和数据挖掘是近几年发展起来并得到深入研究的数据分析技术。机器学习是要使计算机能模拟人的学习行为，自动地通过学习获取知识和技能，不断改善性能，实现自我完善；数据挖掘是以探索为导向，从大量的、不完全的、有噪声的、模糊的、随机的实际应用数据中，提取隐含在其中的但又潜在有用的信息和知识的过程②，并根据用户的实际需要将所提取的知识表示为概念、规则、规律和模式等形式，因而，机器学习和数据挖掘技术在社会的很多领域，如生产制造、金融、电信、零售与营销、生物与医药等都得到了广泛应用，并取得了引人注目的成果③。而且在过去的数年中，信息技术在社会经济生活等各个领域不断渗透和推陈出新，在移动计算、物联网、云计算基于位置的服务（Location Based Service，LBS）等一系列新兴技术的支持下，社交媒体、协同创造、虚拟服务等新型应用模式持续拓展着人类创造和利用信息的范围和形式。全面基于信息和网络的生产和创新模式，正在将人类社会带入"第三次工业革命时代"④。新兴信

---

① 薛亮：《农产品质量安全的关节点》，载《经济》2007 年第 3 期，第 54 ~ 56 页。

② 食品伙伴网：《我国农产品质量安全管理分析》，http://www.dhfs.gov.cn/Folder7/2007914/1276. shtml. 2007 – 9 – 14。

③④ 戚建江、郭智成、金培刚：《我国食品安全战略措施的建议与思考》，食品安全监督与法制建设国际研讨会暨第二届中国食品研究生论坛论文集（上），2005 年。

息技术与应用模式的涌现，使得全球数据量呈现出前所未有的爆发式增长态势。国际数据公司（International Data Corporation，IDC）的数字宇宙研究报告称[①]：2011 年全球被创建和被复制的数据总量超过 1.8ZB，且增长趋势遵循新摩尔定律（全球数据量大约每两年翻一番），预计 2020 年将达到 35ZB。与此同时，数据复杂性也急剧增长，其多样性（多源异构多模态不连贯语法或语义等）、低价值密度（大量不相关信息知识提纯难度高）、实时性（数据需实时生成存储处理和分析）等复杂特征日益显著。大数据时代已经到来[②]。大数据标志着面向数据的研究和应用已超越了起步阶段，步入了成熟和深化的新时期，使得整个管理决策过程越来越依赖于数据分析而非经验甚至直觉。目前，大数据的开发与利用已经在医疗、服务、零售业、金融业、制造业、物流、电信等行业广泛展开，并产生了巨大的社会价值和产业空间。目前，大数据研究和应用已经成为科技领域研究的热点。在这种大数据正在改变世界的背景下，无线射频识别（Radio Frequency Identification，RFID）技术、全球定位系统（Global Positioning System，GPS）、传感器等信息技术在农产品供应链条中得到了广泛应用，农产品质量安全信息传播的途径、形式越来越多，扩散速度也极其迅速，通过技术能够获得的农产品质量安全相关数据也呈现大幅度增长，农业也正在大踏步进入大数据时代，伴随着面向数据的研究和应用逐步成熟和深入，使得农产品质量安全预警管理过程越来越依赖于数据分析，而非经验甚至直觉，促使农业要逐渐形成以数据驱动决策的工作机制[③]，大数据时代为建立高效的农产品质量安全预警机制提供了契机，也给预警机制的创新提供了广阔的空间，也为基于数据驱动的农产品质量安全预警机制的创新带来了新的发展机遇。

在这种数据驱动的研究背景下，将数据仓库、机器学习和数据挖掘技术应用到农产品质量安全预警管理中，进行基于机器学习和数据挖掘

---

① 王玉环、徐恩波：《农产品质量安全内涵辨析及安全保障思路》，载《西北农林科技大学学报（社科版）》2004 年第 6 期。

② 金发忠：《把握农产品质量安全的真切内涵》，载《农业环境与发展》2006 年第 5 期。

③ 许世卫：《农业大数据与农产品检测预警》，载《中国农业科技导报》2014 年第 5 期，第 14 ~ 20 页。

方法的农产品质量安全预警机制管理创新研究，构建起适合我国当下国情的、高效的农产品质量安全预警机制管理体系，使得海量的农产品质量安全检测相关数据能够统一存储和管理，并得到及时的跟踪分析，尽早地揭示其潜在的规律与异常并加以预警，对于减少农产品质量安全问题的发生、完善农产品质量安全管理的理论研究，促进监管部门的有效监管和社会稳定等具有重要的理论价值与现实意义。

理论意义：

（1）促进了多个领域的融合。大数据背景下农产品质量安全预警机制创新研究是对计算机技术、机器学习理论、数据仓库理论、数据挖掘技术、农产品质量安全、风险管理以及供应链管理等领域的结合。虽然大量的研究文献在各自的领域都提出了很多成熟的理论和研究方法，但多个不同研究领域的结合需要在不同的实践情况下有新的思路和方法的提出，因此本书的研究能够促进不同研究领域的结合，是对多个领域理论方法上的有益补充。

（2）拓展了农产品质量安全风险管理研究的思路。本书将计算机技术、机器学习理论、数据仓库理论、数据挖掘理论、农产品质量安全预警理论、供应链管理理论和风险管理理论应用到农产品质量安全预警管理领域，系统深入地分析食品供应链中可能存在的质量安全风险，提出构建基于机器学习和数据挖掘方法的面向整个农产品供应链的农产品质量安全预警管理体系，为农产品质量安全预警管理的研究提供了新的研究思路和方法。

（3）丰富了农产品供应链管理理论研究成果。从目前的研究水平和现状来看，供应链管理的理论与方法研究相对成熟，已经涌现出一大批研究成果。但农产品供应链具有很多的特殊性，对于机器学习和数据挖掘技术在农产品质量安全预警管理中的应用研究也不是很成熟，而且很少出现在现在这种大数据环境下对农产品质量安全预警管理的研究。尝试从农产品供应链整体的视角，依托数据仓库、机器学习和数据挖掘技术研究在大数据背景下农产品质量安全预警管理的问题，既是交叉学科间的有益的结合，在一定程度上也丰富了农产品供应链管理理论。

现实意义：

（1）有助于建立科学有效的面向供应链全局的农产品质量安全预

警管理体系，减少农产品质量安全风险事件的发生和影响、增强农产品供应链成员的风险管理意识、促进各相关主体更好地协调和配合、提高对风险的反应能力、保障安全农产品的供应。

（2）有利于提升农产品供应链的整体管理水平，加强我国农产品行业的风险规避能力和控制能力，增强产业的竞争力，为政府和监管部门制定相关政策提供决策支持、完善我国的农产品质量安全保障体系。

二、相 关 概 念

1. 农产品与食品的界定

农产品（farm produce）是农业中生产的物品，如高粱、小麦、玉米、花生、大豆、稻子以及各个地区的土特产等。国家规定，初级农产品是指农业生产活动中获得的植物、动物及其产品，不包括经过加工的各类产品，如烟叶、毛茶、瓜、果、蔬菜、花卉、苗木、水产品、林业产品、牲畜、禽、兽、昆虫等。

广义的农产品是指人类有意识地利用动植物的生长机能以获得生活所必需的食物和其他物质资料的经济活动的产物。就产品特性而言，它分为动物性产品和植物性产品；就其用途而言，可分为三大类：第一类是人类直接需求的生活必需品，如粮食、油料（油脂）、蔬菜、果品和肉、蛋、奶、水产品等；第二类是间接需求的生活必需品，如饲料、粮草、农作物的秸秆等，它们可以间接转化为肉、蛋、奶、水产品等生活必需品；第三类是用作工业原料的必需品，如棉花、麻类、烟叶等工业原料作物，以及原来是粮食作物，现在已转化为工业原料作物的玉米、豆类、高粱、薯类等[①]。在 2004 年 9 月 1 日印发的《国务院关于进一步加强农产品（食品）安全工作的决定》中，同时指出农产品和食品两个概念。其中，农产品是指种植业、养殖业产品，食品是指经过加工、

---

① 王玉环、徐恩波：《农产品质量安全内涵辨析及安全保障思路》，载《西北农林科技大学学报（社科版）》2004 年第 6 期。

制作的产品。

根据《农产品质量安全法》中的规定，农产品是指"来源于农业的初级产品。即在农业活动中获得的植物、动物、微生物及其产品"。和一般的理解有所不同的是，这里规定的农产品不仅指食用农产品，也涵盖了非食用的农产品，如棉花植物纤维和动物皮毛等。《食品安全法》对"食品"的定义为：指各种供人食用或者饮用的成品和原料以及按照传统既是食品又是药品的物品，但是不包括以治疗为目的的物品。《食品工业基本术语》对食品的定义：可供人类食用或饮用的物质，包括加工食品，半成品和未加工食品，除了烟草或只能作为药品用的物质。广义的食品概念还涉及生产食品的所有原料，食品原料种植、养殖过程中所接触的物质和环境，食品的添加物质，所有直接或间接接触食品的包装材料、设施以及影响食品原有品质的环境等。所以，食品是指人类生存与发展所必需的最基本的物质生活资料，是人们从事精神和物质生产的必要前提。

食品和农产品的内涵有差异，外延有交叉。一般根据研究者的工作特点或研究范围将食物或食品与农产品等概念混同使用，如从事食品科学研究的人偏好使用食品（食物）安全，从事农业科学研究的人偏好使用农产品质量安全。相对而言，农产品质量安全涵盖的范围较宽，既包括可食用农产品质量安全，又包括非食用农产品质量安全。前者构成农产品质量安全的主体部分。同时，可食用农产品又包含在食品这个概念中，也是食品工业的主要原料来源，可食用农产品的生产是食品加工产业的源头。

2. 农产品质量安全与食品安全

（1）食品安全。"食品安全"是一个不断发展的概念，而国内外对食品安全的认识和理解也是一个不断发展逐渐深入的过程。国外对食品安全问题的认识经历了一个由侧重食品数量安全（food security）到侧重食品质量安全（food safety）的转变过程，我国也同样经历了这样一个过程，再加上我国是一个农业大国，人口基数大，这个转换过程也更为复杂和艰难。

由于我国人口众多且长期受粮食短缺的影响，许多学者界定"食品安全"（food safety）也都是从"粮食安全"（food security）开始的。在《中国粮食经济》（2004）的"专家谈食品安全"栏目中，多位专家都将"粮食安全"看作是"食品安全"。当联合国粮农组织在 1974 年第一次提出 food security 概念的时候，我国将其翻译为"粮食安全"，可见我国当时的粮食供给状况还处于比较低级的阶段。但当我国粮食供给状况改善以后，我国的食物供给结构发生了根本的改变，这种变化从对该概念的翻译的不同就能够表现出来：其中，一些学者建议将 food security 译为"食物安全保障"或"食物战略安全"，其内涵包括食物供应和需求的平衡以及营养的均衡两个方面，也包括 food safety。随着我国经济的发展和人民生活水平的提高，越来越多的学者开始将研究重点转向食品的质量安全。大部分学者还是沿用西方对食品安全的认识，认为食品安全可分为两个层次：一是食品数量上的安全（food security），它涉及食品供给数量上的保证，以满足人们的基本的食物需求；二是食品质量上的安全（food safety），它涉及对食品在质量上的保证，以避免食品可能含有对人体造成危害的有害物质。很多学者认为，食品质量上的安全和食品数量上的安全是两个不同的议题，但二者存在一定的联系，对人类的健康有着共同的影响。在目前实际应用中，这几种名词经常混同使用[1]。目前理论界对食品安全的研究，更多关注的是食品质量的安全特性，因此有时也将食品安全翻译成"食品质量安全"。

关于食品的安全性或安全食品，至今尚缺乏一个明确的、统一的定义，它是一个动态发展的概念。1974 年，联合国粮农组织（FAO）在"世界粮食会议"上，将食品安全定义为：所有人在任何情况下维持健康生存所必需的足够食物。1983 年，FAO 将食品安全最终目标的解释为：确保所有人、在任何时候、既能买得到、又能买得起他们所需要的基本食品。这一概念更强调在食品供给的数量方面能否满足人口的基本生存需要，并且更关注社会的下层人群和弱势群体（如穷人、妇女和儿童等）的食品可获得性，与缓解和消除贫困问题之间存在着紧密

---

① 金发忠：《把握农产品质量安全的真切内涵》，载《农业环境与发展》2006 年第 5 期。

的联系①。范达娜·席瓦（Vandana Shiva）等学者通过研究认为，食品安全一直以来都意味着足够、安全以及营养的食品。根据产品质量的属性中对安全性的描述，产品安全性是指产品在制造、存储、运输、流通和使用过程中，对伤害或损坏的风险按可接受的水平加以限制的状态②。世界卫生组织于 1984 年在名为《食品安全在卫生和发展中的作用》的文件中，曾把"食品安全"与"食品卫生"作为同义语来对待，定义为："生产、加工、储存、分配和制作食品过程中确保食品安全可靠，有益于健康并且适合人消费的种种必要条件和措施"。1996 年世界卫生组织（WHO）在其发表的《加强国家级食品安全性计划指南》中，则是把农产品（食品）安全性与食品卫生作为两个概念加以区别。其中食品安全性被解释为"要能够确保食品的消费对人类健康没有直接或潜在的不良影响，对食品按其原有的用途进行制作、食用时不会使消费者的健康受到任何损害的一种担保"。2003 年，FAO 和 WHO 在《保障食品的安全和质量—强化国家食品控制体系指南》中再次定义了"食品安全"的概念："涉及那些可能使食品或农产品对消费者的健康构成危害或潜在危害的所有因素，这些危害因素是必须要被消除的，毫无商量的余地，食品安全具有不可协商性，其关注的重点是接受食品的消费者的健康问题"。

国际食品卫生法典委员会关于食品安全的定义为：食品安全是指消费者在摄入食品时，食品中不含有害的物质，不存在可能引起急性中毒、不良反应或潜在疾病的危险性，或者是指食品中不应该包含有可能损害或威胁人体健康的有毒或有害的物质或因素，从而导致消费者食用后产生急性或慢性中毒、感染疾病的情况，或者产生危及消费者及其后代健康的任何隐患。

根据我国当前的发展水平，目前我国常用的是 1992 年在国际营养大会上给食品安全下的定义："在任何时候人人都可以获得安全营养的食物来维持健康活动的生活。"卢良恕院士③指出这一概念包含 3 个层

---

① Joachim Von Braun et al. , ImProving Food Security of the Poor, Washington D. C：International Food Policy Research Institute, 1992.

② 赵春明：《农产品质量安全含义探析》，载《农产品加工》2005 年第 1 期。

③ 卢良恕：《当前粮食安全问题的战略分析》，WWW. SFNCC. ORG. CN&copy. 2004 – 5 – 25. 国家食物与营养咨询委员会。

次的内容：从数量上要求食物的供需平衡，满足食物数量安全；从质量上要求食物的营养结构合理、优质卫生健康，满足食物质量要求；从发展的角度，要求食物的获取要注重生态环境的良好保护和资源利用的可持续性，即确保食物来源的可持续性。

食品安全内涵的层次性决定了人类社会发展的阶段性，对食品安全认识的阶段性，只有到低层次的目标实现以后，高层次的目标才有可能实现。农产品（食品）安全和粮食安全状况都有被客观度量的界限。当食品短缺、营养不良、营养不均衡达到一定的程度，就导致了粮食安全问题；当对食品产生的污染或者营养的失衡达到一定的程度时（以一个国家相关的产品质量标准为限），就演变成了食品安全问题。虽然两者程度不同，但是两者是可以被科学界定的。但在目前被广泛应用的食品安全概念中，有一种倾向就是把所有的食品问题都归结为食品安全问题，如食品包装问题、标签问题，甚至因不符合发达国家人为提高的过分苛求的质量标准问题，也都统一认为是食品安全问题①。

美国学者琼斯（Jones）曾建议将食品安全问题分为绝对安全性与相对安全性来区分对待，因此对这两个概念分别进行了定义：绝对安全性是指能够确保不可能因为食用了某种食品而危及人类健康或造成伤害的一种承诺，即食品作为食用品，应绝对没有风险。这是在当代由于生态环境恶化造成的威胁不断加剧的条件下，消费者对食品的一种理想追求，但它不符合客观的事实，不具有科学性。相对安全性被定义为，一种食物或食物成分在合理的食用方式和正常食用量的情况下不会导致对健康产生损害的实际确定性。因此，食品安全性应该是食品在生产、储存、运输、流通和使用过程中进行的一切处理，在正常食用量的情况下，采用合理的食用方式，不会对消费者的健康造成某种损害的一种性状的状态。

食品安全的内涵，国内大致有五种观点②。第一，食品安全是个科学概念。食品安全离不开科学技术的发展，涉及生物、化学、医学、物

---

① FAO. Risk Management and Food Safety. RePort of Joint FAO/WHO Consultation Rome R. Py. ltaly，1997.

② 刘为军、潘家荣、丁文锋：《关于食品安全认识、成因及对策问题的研究综述》，载《中国农村观察》2007 年第 5 期。

理、农产品种植、管理、物流等学科。每一次在食品安全方面产生大的进步，都与由于科学技术的进步对新的病菌的发现或产生的某种危害的确认有关。第二，食品安全是个政治概念。农产品（食品）安全是企业和政府对社会群体最基本的责任和必须做出的承诺。农产品（食品）安全与生存个体的生存权利紧密相连，具有唯一性和强制性，通常属于政府保障或政府强制的范畴，也是彰显政府保障能力的重要方面。第三，食品安全是一个经济概念。食品作为一种生存必需品，是社会发展必不可少的基础品，有着非常巨大的市场。随着人类生活物质水平的不断增加，人们的需求已经不再仅仅局限于温饱层面上，对食品有了更高的要求，也使得全球食品贸易不断增长，这一方面为全球食品工业经济的发展带了源源不断的推动力；另一方面，由于"疯牛病"、"二噁英"、"三聚氰胺"、"毒豆芽"等食品安全事件的不断爆发又对世界经济产生了严重的负面影响，不仅为世界各国造成了非常大的损失，而且也损害了人民对食品安全的信任。第四，农产品（食品）安全是个法学概念。由于农产品（食品）贸易市场的信息不对称现象，使得贸易市场会出现失灵的现象，而市场的失灵需要政府的不断干预，这种干预大多数是以法律规制的形式出现的，是需要依靠国家强制力来保证实施的。第五，食品安全是一个社会概念。食品安全可看作是一种"社会约定"，这种"约定"涵盖了食品生产、贮存、运输、流通、消费及消费的全过程链条，既可以分为生产安全和经营安全，又可以分为结果安全和过程安全；既包括现实安全，又包括未来安全，是对社会整个发展状态的一种承诺。

综合现有的认识与理解，食品安全性应该是：食品中不应该含有有可能损害或威胁人体健康的有毒、有害物质或因素，从而导致消费者产生急性或慢性毒害或具有感染某种疾病的可能性，或产生危及消费者及其后代健康的隐患。

（2）农产品质量安全。农产品的质量根据其特征可包括以下五个方面：①品质。主要包括其营养品质、商业品质和加工品质。营养品质指农产品中所包含的蛋白质、脂肪、淀粉以及维生素、磷、钙、钾等营养元素量及其结构比例；商业品质指农产品的形态、色泽、整齐度、容重以及产品装饰等表现性状；加工品质指食用品质或适口性，可以通过深加工表现出来。②安全性。指农产品中农药、化肥、重金属的残留量，加工过程中的病菌微生物及贮藏过程中发霉变质的情况。③多样性和适应性。指能否为满足人们的各种不同层次的需求，而提供不同方面的效用，以及适应自然的能力。④经济性。合理的周期费用，指农产品在产前、产中、产后过程中的费用总和，体现了产品的相对质量。⑤时间性。指农产品能否及时有效、动态地满足顾客的实际要求，并满足随时间变化而变化的顾客需求的能力。

而农产品质量安全是指植（动）物性产品与食用菌产品以及它们的加工制品等的整个生产过程与终端产品，经严格检验，各项技术指标与卫生指标均能符合国家或有关行业标准的要求。安全是指农产品中的危害因素或潜在危害因素，如农药残留、兽药残留、重金属污染等对人、动植物和环境存在的危害和潜在危害。从污染的途径和因素考虑，农产品的质量安全问题，大体上可以分为物理性污染、化学性污染、生物性污染和本底性污染四种类型。

物理性污染是指由于物理性因素对农产品质量安全产生的危害，是由于在农产品收获或加工过程中操作不规范，不慎在农产品中混入有毒、有害的杂质，导致农产品本身受到污染。该污染可以通过加强规范操作进行预防。

化学性污染是指在生产、加工过程中由于不合理地使用化学合成物质而对农产品质量安全产生的危害。如使用禁用农药，过量、过频使用农（兽、渔）药、化肥、添加剂等造成的有毒、有害物质残留污染。该污染可以通过生产过程标准化进行控制。

生物性污染是指自然界中由于各类生物性因子而对农产品质量安全产生的危害，如致病性细菌、病毒、毒素污染等。生物性危害大多具有较大的不确定性，控制难度非常大，有些可以通过预防控制，而大多数则需要通过采取综合治理措施才能控制。

本底性污染是指农产品产地环境中的污染物对农产品质量安全产生的危害。主要包括产地环境中水源、土壤、大气的污染而产生的危害，如灌溉水、土壤、大气中的重金属超标等。本底性污染产生的原因比较复杂，治理难度最大，需要通过净化产地的整体环境进行综合治理或通过调整农产品种养品种等措施加以解决。

目前，农产品质量安全常表述为：应当无毒无害，不能对人体造成任何方面的伤害，必须保证不会使人患急、慢性疾病或者造成潜在的危害，该解释更多的是从食品安全的角度出发，将农产品作为一种食品来对待。可食用农产品质量就是反映可食用农产品能够满足明确需要和隐含需要的能力的特征总和。明确需要包括营养、安全、美味、环保和合法等，隐含需要包括健康、安全、资源性和可持续性等。而可食用农产品质量安全的内涵应该是：可食用农产品以其所具有的卫生、营养状况，在满足不同层次的消费需求的同时，不会对消费者的健康造成任何危害的一种性状。它要求合理利用各种农业生产资源、保证农业生产的可持续发展，更强调农产品质量安全是人类维持健康生活的一种基本权利。可食用农产品质量安全是一个动态发展的概念，国内外对农产品质量安全的理解也是一个不断发展深入的过程。人们对农产品质量安全问题的认识也经历了一个由侧重农产品数量安全到侧重农产品质量安全的转变过程。

农产品质量安全的内涵总体上看，有三种定义和说法①。一种广义上的概念，既包涵质量，又包括安全，是安全、优质营养要素的综合体，这种概念被现行的国家标准和行业标准所采纳。第二种为狭义概念，是指质量中的安全。从广义上讲，质量是指产品、过程或服务能够满足规定的要求或需要的特征和特性的总和，应当包括安全。由于要在质量的诸因子中突出安全要素，所以才叫质量安全，以引起人们的关注和重视。即提高质量标准是工作的主线，保障健康安全是管理的根本。这种说法更符合目前的工作实际。2001 年 4 月，农业部启动"无公害食品行动计划"，目的是要通过加强生产监管，推行市场准入及质量跟踪，健全农产品质量安全标准、检验检测、认证体系，强化执法监督、技术推广和市场信息工作，在全国建立起一套既符合中国国情，又与国际接轨的农产品质量安全管理制度。从整体上讲，就是要提高农产品的质量和市场竞争力；从突破口上，就是要从农产品中的转基因产品、农药残留、兽药残留、违禁药物等关键风险因素入手，逐一解决，确保消费安全，并满足农产品的最基本的市场准入条件，最终的目的是要实现农产品的质量升级和竞争力的提高。第三种是指质量和安全的组合。质

---

① 金发忠：《把握农产品质量安全的真切内涵》，载《农业环境与发展》2006 年第 5 期。

量是指农产品的外观和内在品质，即农产品的使用价值、商品性能，如
形态、营养成分、色、香、味和口感、加工特征以及包装标识等；安全
是指农产品中隐含的危害因素，如转基因农产品、农药残留、兽药残
留、重金属污染等，对人、动植物和环境所存在的危害和潜在危害。这
种说法是我们管理和发展的方向。因此，在不同的时期、不同的发展阶
段和不同的部门、不同的人群，对农产品质量安全都有着不同的理解和
认识。而依照《农产品质量安全法》，农产品质量安全是指农产品质量
"符合保障人的健康、安全的要求"，这就给我们提出了更高的目标。

从科学的角度看，农产品质量安全是一个相对的概念，它与农业及
其相关技术和知识的发展密切相关。一是，现代科学知识的广泛普及，
农产品质量安全知识作为现代科学知识发展的产物已成为人们知识体系
中的重要内容。二是，现代生产技术的发展，为农产品质量安全提供了
技术支撑。科学技术越发展，对农产品质量安全的支撑作用就越强。三
是，现代检验检测技术的发展，为农产品质量安全提供了快速、准确、
高效的技术手段与全面、系统、严谨的科学依据。四是，现代农业投入
品在改进农产品数量、质量和安全水平的同时，也加大了农产品质量安
全管理的难度。

虽然质量安全性仅仅是质量特性其中的一个方面，但是，由于近年
来农产品质量安全事件的不断发生，不仅给国家造成了很大的经济损
失，而且使消费者的健康安全也受到了极大的威胁，甚至影响了消费者
的消费信心，造成了潜在的消费安全威胁，现在，各国政府及广大消费
者对农产品质量安全问题也格外关注。鉴于它对人类健康发展意义重
大，在现阶段将其作为研究和工作重点来抓也是必然的选择。

3. 农产品质量安全问题的经济学特征

（1）农产品信息不对称。市场经济中信息不对称是一种非常普遍
的现象。信息不对称（information asymmetry）是指在市场交易活动中，
交易双方对于面临选择的有关经济变量所拥有的信息并不完全相同，一
方知道得多一些，另一方知道得少一些。掌握信息比较充分的一方，往
往会处于比较有利的地位，而信息相对比较贫乏的一方，则会处于比较

不利的地位。信息不对称理论认为：市场中商品的卖方比买方更了解有关商品的各种信息，包括真实价值、生产者的情况、生产工艺的情况、生产环境的情况等；而掌握更多信息的一方可以通过向信息贫乏的一方传递可靠的信息而在市场中获益；而买卖双方中拥有信息较少的一方会努力从另一方获取更多的信息，以达到对商品的更多的认识；虽然市场信号的显示在一定程度上可以弥补信息不对称的问题，但是不能完全消除。然而，市场中信息不对称现象的存在会严重影响市场的运行效率并会导致市场经常失灵。以"柠檬市场"为例，对产品质量与市场的信息不对称之间的关系进行了开创性的讨论，提出了产品质量的信息不对称可以阻碍双边贸易的论断。在非对称信息市场中，假如消费者获得的商品质量信息少于供应商，使得消费者倾向于选择价格比较低廉但质量比较差的商品，将导致商品质量与价格之间出现逆向选择关系，降低市场的交易效率。除此之外，在农产品生产经营过程中，还存在着很多的信息不对称现象，具体总结如下：

①农产品的生产经营者与消费者之间存在信息的不对称[①]。生产经营者向市场提供的农产品，大多数消费者并不清楚其真实的安全水平，如农产品的生产环境情况、投入品情况、运输情况、贮存情况等。这主要是因为农产品的质量安全品质具有"信任品"特性，使得消费者既难以在消费之前从外观辨识出来，也难以在消费之后感知出来。农产品品质的这种特性决定了在生产者和消费者之间存在质量安全信息的不对称。

②政府管理者与生产经营者之间的信息不对称。由于各方面资源的限制，政府对农产品的生产经营状况不可能做到完全的、全过程的监管，这种状况也决定了在农产品生产经营者与管理者之间存在质量安全信息的不对称。例如，生产商在申报农产品认证证书时，为了能顺利获得认证，一般都能够较好地执行相应农产品的各类标准，但获得证书后，在牟利动机的驱使下或在消费者认知程度不高的压力下，再加上按照各类标准生产农产品所产生的高额成本和复杂的工艺过程所付出的劳动力的差异，使得生产商往往会按"折扣标准"生产，以降低成本，

---

① Nelson. Information and consumer behaviour [J]. *Journal of Political Economy*, 1970 (81): 729 – 754.

而相关监管部门不可能做到实时实地监管，从而造成农产品的质量安全品质下降，监管部门无从得知相关情况进行治理，而消费者方面更是难以发觉这种差异。

③上下级管理者（即委托人与代理人）之间存在信息的不对称。由于下级管理者的管理行为难以被监控，特别是在缺乏相应激励约束机制的情况下，下级管理者往往会因为生产经营者的寻租行为（寻租是指人们凭借政府保护而进行的一种寻求财富转移的活动，它包括"旨在通过引入政府干预或者终止它的干预而获利的活动"。寻租的根源是政府，它的主要特征是不经过相应的生产劳动而将社会公众财富转移到一部人手中。寻租从根本上是与劳动和公平原则相违背的，也是对公共资源的侵害和浪费）或地方利益而导致的管理上的失职。

④政府与消费者之间的信息不对称。造成这种不对称的原因是多方面的，一方面，政府对安全农产品的管理存在着部门分割、权责交叉问题，各管理部门负责自己部门的信息传递，形成了信息只能垂直流动，不能水平流动的"信息孤岛"现象，使得各种信息不能在各相关部门之间顺畅流动并综合，而且缺乏相应的信息传播机制，使得政府不能将所获得的农产品质量安全的相关信息迅速、有效地传递给消费者，致使消费者很难及时、有效地全面了解安全农产品的质量安全信息及其相互关系，以至于消费者受到影响很难做出理性选择。另一方面，各级政府对发展放心农产品与安全农产品生产的认识存在着很大偏差。地方政府对于安全农产品尤其是无公害农产品的相关信息的传递缺乏激励行为，甚至存在有意识的负强化行为，导致其在信息传递方面发挥的作用非常有限，大大延长消费者的认知、接纳"安全农产品"的时间。

（2）搜寻品、经验品和信用品。为了能够便于分析，美国学者尼尔逊等人将商品分为三类：搜寻品、经验品和信用品[①]。

搜寻品是指消费者在购买之前就能够获得充分信息准确判断其质量的商品，如产品的外观等。对于搜寻品而言，生产者（假定生产者直接向消费者出售产品，因此生产者也是销售者）无法隐藏产品质量的准确信息，因此生产者和消费者之间不存在产品质量方面的信息差异，质量

---

① Nelson. Information and consumer behaviour [J]. *Journal of Political Economy*, 1970 (81)：729 - 754.

信息在生产者和消费者之间是完全对称的。

经验品是指只有在购买之后才能判断其质量的商品，如产品的口感、味道、产品的鲜嫩程度等方面的特征。经验品可以通过信息性广告向消费者传递产品的质量信息。但是，当用信息性广告传递产品的质量信息时，与搜寻品的信息性广告相比，其功能要差一些。首先，经验品的质量只有当消费者购买使用以后才能够有所了解，在真正购买之前消费者由于缺乏良好的质量信息，并不知道他所要购买的产品质量如何。在此情况下，即使生产者通过信息性广告宣称自己提供了高质量的产品，但是，理性的消费者在对产品的质量没有任何了解之前，一般不会轻易相信这样的广告，而且低质量产品的生产者也可以通过模仿高质量产品生产者的行为，做同样的广告，以骗取消费者的信任，从而获得高额利润。只有当消费者在购买以后认识或感受到产品的质量特性或通过长期购买形成的经验来判断其质量。其次，对于经验品，消费者不会把他们使用过的产品看作是没有用过的产品，即使这两种产品的质量事实上是一样的。如果消费者认为一种产品质量高并且正好适应其偏好，那么其他竞争产品的竞争能力就会非常低，除非其他产品具有更高的优势，例如价格非常便宜，试用的成本也比较低。

信用品是指消费者即使在消费以后也不能判断其品质，只有借助其他的信息才能决定其品质的商品，如产品的安全性。食用农产品具有信任品特征，即消费者在消费完农产品之后自己也没有能力了解的有关质量安全和营养水平等方面的特征，如激素残留、抗生素残留、农（兽）药残留、重金属残留、胆固醇含量等。农产品质量要素（包含安全要素）的品质特性既是经验品（如产品的鲜嫩程度、味道、香味、口感等方面的特征）又是信用品（如有关农产品中是否含有抗生素、激素、农药残留等方面的特征），食用农产品安全要素更多的是属于信用品范畴。对于经验品，就意味着消费者在真正购买商品之前缺乏良好的质量相关信息，只有在消费者购买并使用之后才能认识到产品真正的质量特性，或需要通过长期的购买行为所形成的经验方能判断出其质量和安全程度。尽管消费者每次购买时所收集的产品质量信息并不完全，但格罗斯曼①认

---

① Grossman S J. The Informational Role of Warranties and Private Disclosure about Product Quality [J]. *Law Econ*, 1981, 24（3）: 461-483.

为，产品商家可以通过信誉机制建立一个独特的、高质量保证、高价格且有高收益的市场均衡，而不需要通过政府干预来解决食品的质量安全，同样可以获得与拥有充分的市场信息的情况一样的结果。对于同一种食品，消费者也可能需要在搜寻品品质（外观、形态）、经验品品质（口感、味道）和信用品品质（安全性、营养）之间进行选择。而影响消费者做出最终抉择的因素除了消费者自身的偏好、产品的价格之外，与消费者对食品安全风险的认知程度以及对质量安全信息的认知都密切相关。但是，在实际的市场贸易过程中，由于食品安全性本身的相对性，使得消费者对安全性的认识往往是市场贸易权衡的结果。

市场机制在调节搜寻品、经验品和信用品这三种类别的不同质量特性时也存在着巨大的能力差异。一般来说，对于搜寻品和某些经验品（如影视作品）而言，市场机制并没有失灵或失灵并不严重，经过市场的多次交易行为即反复的博弈过程，可使产品质量达到双方均满意的均衡状态。但是，在大部分经验品特性和信任品特性上往往会出现市场失灵严重或完全失灵的现象。在经验品市场上，市场可以通过了解消费者的重复购买行为特征结合厂家的声誉投资、品牌效应以及广告投放机制等策略改善信息传递的途径，缓解由于质量信号传递缓慢或不通畅带来的市场失灵问题。然而在信任品市场上，市场机制则会完全失灵。在信任品市场上，信息呈现出极度的不对称现象，也使消费者面临严重的安全与健康风险，即农产品（食品）质量安全问题。在信任品特征上，生产者和经营者掌握着比消费者更多的产品质量信息，如生产环境情况、生产工艺状况、原材料的情况等，存在着严重的信息不对称，容易产生生产者和经营者利用自己掌握的信息优势而提供假冒伪劣农产品的机会主义动机，以便获得高额利润。当购买者发现同类农产品在质量方面存在一定的差异时，就会努力在市场中寻找价格更为低廉的供给者。价格降低，提供高质量农产品的生产者或经营者的利润空间被大大压缩，甚至无利可图，从而被迫降低农产品的质量以保证其收益。这表明，如果没有严格的市场监管机制，不仅农产品的质量安全很难得到保证，而且还会出现劣胜优汰的现象，使得市场上农产品的质量水平整体下降，这就是信息经济学中的"逆向选择"，从而导致"柠檬市场"的出现，使得市场功能得不到有效的发挥。

为了解决农产品质量安全管理中的信息不对称问题，往往需要由足以令消费者信任的第三方介入市场，加强对市场的监管、公开市场信息，使消费者更多地了解农产品的各种信息，包括质量安全信息等。在我国，这个角色需要由政府去担任，由政府去加强农产品质量安全监控和管理。通过第三方（可以是政府也可以是非政府组织）介入市场，如产品检测（或质量认证），提供高质量的信号传递，可以解决农产品质量安全信号的市场失灵问题，实现高质高价、低质低价，保证各种层次的农产品都有其市场。但是，如果检测成本较高时，产品的价格也会因为检测成本而变得高昂，生产者就会在一定程度上失去了价格优势，也就没有动力去接受检测。从某种程度上来说，食品质量安全信号的传递，实际上是通过某种手段或机制，将食品安全的信任品特性转化为搜寻品特性。而质量安全信号的建立、传递成本则是这种转换的交易成本。

（3）信息不对称条件下的农产品供求问题。在不充分的或不对称信息条件下，高质量的农产品（或者说是安全的农产品）并不能通过市场进行自发调整供给。如果消费者能够获得的质量信息有限，那么，安全、高质量的农产品的供给将会低于拥有充分质量信息的市场。市场机制的有效性在于生产者能否有效地将质量安全信号快速、准确、通畅地传递给消费者。诺贝尔经济学奖获得者阿克洛夫（Ackerlof）① 通过他的"柠檬市场"模型分析认为，如果生产者不能有效地标注产品质量信号，那么市场可能最终消失或者仅仅留下劣质的产品市场。食品市场中的"柠檬问题"说明，不对称的信息和不通畅的信息传递最终导致了市场的失灵。在一个市场完全正常运转的理想世界里，低质量的农产品和高质量的农产品都有自己的市场，消费者能够根据自己的偏好或实际需要在低质量与高质量的农产品之间进行选择。由于食品，特别是鲜、活农产品的特性，与一般商品存在着明显的差别，其固有的鲜活易腐易损性和不耐储运的特点，当面临"柠檬问题"时，竞争将会更为加剧，"劣品驱逐良品"的进程也会加快。

传统意义的市场失灵一般都是与垄断、公共物品、外部性等因素相关联的；新的市场失灵是以不完全的信息为基础。这两种市场失灵存在

① Ackerlof G. The Market for Lemons: Quality Uncertainty and the Market Mechanism [J]. Quarterly Journal and Economics, 1970, 84: 488-500.

着明显的区别：传统意义的市场失灵在很大程度上是容易确定的，如外部性带来的负面效应的大小和范围是容易通过某种方法进行测度的，其范围也容易得到控制，政府通过某种手段进行市场规制也相对比较容易。由于现实中的所有市场都是不完备的，每个市场中传递的信息也总是不完全的，再加上一些虚假信息的干扰，市场中存在的道德风险和逆向选择问题也因为市场的复杂性而存在一定的差异，表现出不同的特点。而且各个市场之间又存在着千丝万缕的联系，其综合性和复杂性呈指数级增长，因此，市场失灵在国内外都是一种普遍存在的现象，更增大了政府规制的难度。哪怕是极端的自由学派经济学家也不得不承认，若想克服由于信息不对称而带来的市场失灵，政府必须发挥不可替代的作用。

通常情况下，由于生产商或供给商能够获得的产品质量信息的渠道较多，其能够获得的信息量比普通消费者也会更多，因此，其对与农产品质量安全和风险相关品质的认识往往比普通消费者也要更高一些。除非能够把与食品相关的所有质量安全信息都由政府强制进行标识，否则，生产商并不愿意主动将有关的风险信息全部传递给消费者。政府实施管制的方法通常会提高政府管制的成本，导致农产品市场成本的上升，而且由于农产品质量安全的特定性和相对性也可能导致政府管制的非理性。如果信息的产生和传递不能正常地进行，"劣质品"会给消费者和"优质品"生产者带来外部性，农产品市场也会将因此变成"柠檬"市场。而解决这一问题的途径有二：一是政府采取管制，禁止含有风险特征的食品进入市场，保证食品的质量安全水平；二是改善食品的标签和信息标识管理，如转基因食品的强制性标识，这实际上是将食品安全的信用品特性转化为搜寻品特性[①]。

（4）信息改善，提升消费者对风险的感知度。农产品的安全性是一种收入需求弹性较高的物品。消费者对食品安全性的需求增长率高于其收入的增长率。在低收入国家，农产品的安全性往往被解释成降低因饥饿而导致的死亡风险，而不是体现在由于食物的摄入是否会产生不良的影响方面。农产品安全供给的边际成本是逐渐递增的，消费者在对食

① Julie A Caswell. Trends in Food Safety Standards and Regulation：Implications for Developing Countries, For food, Agriculture, and the Environment, 2003.

品安全风险并不完全知晓的情形下，往往会以较低的价格购买风险性较高的食品以获得额外的效用。

消费者对农产品风险的态度的显著特征，表现在其对农产品质量安全风险的科学认识上的差异性。即使科学证据足够充分，这种认识的差异性依然存在。其原因主要如下：①自愿性与非自愿性。消费者即使在已知的风险情况下，依然选择购买可能产生危害的食物。例如，中国有不少人喜欢吃各种油炸食品，明明知道其可能致癌，具有很大的风险，很多人却愿意吃，喜欢吃，就是因为有强烈的偏好、习惯。②农产品质量风险危害的严重程度，即对危害的了解程度不同。如对专家和一般用户，其对农产品风险危害的了解程度是有显著差异的。③农产品对不同的弱势群体所展现的风险有一定差异：例如，有些食品对小孩、孕妇、老人、病人等，风险因人的体质情况各异。④风险具有的隐蔽性：例如，经常食用某些食品可能会产生癌症，但不会导致急性中毒或不适。⑤专家的评价与建议。

不同人群对农产品质量安全风险的态度的表现也不尽相同。如受教育程度较高的人群由于其对风险知识认识的程度或深度较高，则更为关注农产品中可能产生的微生物危害。然而普通消费者由于其对风险认识的程度较低，则会更关注杀虫剂等化学物质可能带来的危害。而市场竞争的结果可能会导致农产品信息安全的过量供给（即农产品质量安全的真实性小于市场信息提供的安全性），政府必须介入市场实施干预措施。所以，要改善消费者对农产品安全的感知度或敏感性，首先必须能够提供真实、全面、准确、实时的信息并及时发布出去。由于公众获得的食品安全的真实信息往往会被有不良动机的生产商所误导，因而需要对农产品安全的风险进行实时监测，并进行必要的农产品安全公共教育来避免这种误解产生①。

（5）农产品信息不对称下的政府干预。政府经济学认为，由于人们知识的有限性、信息搜寻的高成本性以及信息垄断者设置的各种障碍，使得在经济贸易过程中无法避免信息不对称的存在，而信息的不对称会导致劣货驱逐良货、某些类型商品的市场消失或萎缩、生产的效率

---

① Julie A caswell. Trends in Food Safety Standards and Regulation: Implications for Developing Countries, For food, Agriculture, and the Environment, 2003.

低下、劣货生产的高竞争性、商家的驱逐劣质倾向、某些种类的产品供应不足、需求缺口与供给过剩并存、不公平的交易与不公平的竞争以及生产者和消费者行为的扭曲等一系列具体的经济后果，最终导致低效率的经济资源配置。

在市场经济中，市场本身具有解决信息不对称问题的能力，但这种能力存在着一定的局限性，这种局限性的存在表明，市场中农产品质量安全信息的不对称问题并不是只依靠市场本身或内部的自发力量就能够解决的，还必须依靠市场以外的力量。由于政府本身就具有促进社会经济发展、维护社会安定、促进市场公平交易和公平竞争、促进经济效率提高的责任，不解决市场中存在的信息不对称问题，政府就很难履行好这些职责，加上政府又具有市场力量和第三种力量所不具有的公共权力，拥有它们所不具有的权威性和强制力，因此，政府更应该充当第三方的角色，对市场进行干预，尽其所能解决信息不对称问题，使市场能正常运转，发挥其特有的功能。凯思文（Caswen）对发展中国家的农产品安全的政府规制问题进行了深入研究，他认为，政府规制是与涉及农产品安全的生产者、加工者、贮存者、运输者和服务商要共同对农产品安全问题负责，提出责任制系统是政府规制的一种形式，它能解决当发生农产品质量安全问题的时候，由谁去承担责任的问题，从而有利于避免"柠檬市场"的问题的发生。发达国家设置规制的方法是值得很多发展中国家进行借鉴的，如 HACCP（危害分析与关键控制点）体系，这是适应与国际接轨的有效途径①。

4. 质量安全预警理论

（1）风险理论。风险是事物在发展过程中存在的不确定性，是事物发展最终的实际结果与预期结果之间所存在的差距。风险就是损失的不确定性，包括对个人、企业、政府等经济主体的生存权益和财产权益所产生的一切不利的影响；风险就是对事物产生的损失或者收益的机会。在风险投资领域，投资的风险越大，那么相对应的回报也越大。同

---

① 唐晓纯：《食品安全预警理论、方法与应用》，中国轻工业出版社 2008 年版。

样的，当风险事故发生时，风险越大，其所带来的损失也越大。有关风险的定义，所处的领域行业不同，对风险的理解也不同。迄今为止，对风险的定义还没有一个统一明确的说法。归纳起来，风险可以概括为：①风险是事物发生的不确定性；②风险是事物发生所带来的损失的可能性；③风险是事物发生最终带来的实际结果与期望结果的偏差；④风险在特定的领域内意味着所带来的报酬和收益。

造成风险的因素方方面面，错综复杂，主要存在两个方面的因素，即现实世界的不确定性和人们对当前客观世界认识的局限性。首先，世界是客观存在的，而且客观世界的各种事物之间存在着千丝万缕的联系，并且这种联系是普遍存在的，正是由于各种联系的错综复杂性，导致客观世界存在着很大的不确定性，也导致各种风险的客观存在；其次，由于客观世界是无时无刻不在运动着的，世界内的所有事物都在不断地发生着各种变化，有宏观的，有微观的，而人们受各种限制，缺乏能够应对世界变化的能力、技术、方法和手段，从而制约着人们对这种变化的认识，因而很难全面、客观地认识事物的本质，进而影响人们对事物变化的客观规律的认识，给各种事物的发展带来一定的风险。

基于对风险的认识，可以从以下几个方面来概括风险的基本特征：①风险是客观存在的。风险在现实世界中是客观存在的，是不以人的主观意志为转移的，但是风险及其演变过程具有一定的规律性，只要人们在实践过程中能够利用正确的方法和手段，就可以减少风险、转移风险甚至规避风险，但是，人们不能完全消灭风险，只要人们能够用正确的方法对风险做事先分析并及时进行干预，风险就可以预先防范，就可以把风险带来的损失降到最低，这也是人们在各个领域通过风险预警而达到的目的。②风险具有一定的放大性。风险可以通过事物之间普遍存在的联系而互相积累甚至相互作用，使风险造成的影响、产生的危害放大。③风险具有危害性。在事物发展的过程中，只要有带来风险的因素存在，就有可能造成风险的发生，当这些风险因素积累到一定程度达到质变时，风险就会像火山一样爆发，甚至会带来连锁反应，从而给人们在多个领域带来极大的危害。④风险具有不确定性。风险的发生在时间上、空间上都具有很大的不确定性，而且风险给个人、企业和政府等经济主体带来的损失也具有很大的不确定性。⑤风险具有突发性。风险因素的普遍性、不确定性和随机性，决定风险具有突发性。

由于风险是客观存在的，而且有规律可循，所以，对于风险的管理也引起了很多学者的兴趣，现在，风险管理已经形成了独立的理论体系学科，目的是通过研究对风险的管理来降低风险可能带来的各种损失。总的来说，风险管理的基本步骤包括以下六个阶段，如图 1-1 所示。

图 1-1　风险管理的步骤

以上六个程序共同构成风险管理的全过程，从而降低风险所带来的损失。

（2）预测决策理论。预测指的是以准确、丰富、实时的市场信息为依据，从市场商品的供需发展历史、现状和规律性出发，运用科学的方法，对市场上商品的供需状况和未来发展前景的测定或衡量。要对市场进行科学的预测必须以唯物主义认识论为基础，根据市场发展的趋势和变化规律，对未来做出科学推测和判断，科学的预测不仅可以使企业能够摸清市场发展的规律，给自己一个准确的定位，而且可以提高企业的管理水平和管理效率。预测的特点主要表现在以下三个方面：①必须以准确、及时、丰富的市场信息为依据；②必须要有一套科学的方法，包括定性和定量的方法；③能够研究企业未来的市场商品的发展前景。

预测的种类主要有以下几种：①根据预测时间的长短，可以分为长期预测、中期预测和短期预测：长期预测一般是指 5 年以上的预测，它是为企业制定长期规划服务的，着重于研究市场要素的长期发展趋势，为确定企业的长期发展方向提供决策依据。一般用于商品结构的变化、潜在市场的需求等；中期预测是指 1~5 年间营销因素变化的预测，主要用于生产周期较长的产品的设备及原材料的采购，为产品、工厂、工序的管理决策提供支持，企业经营在近期内应做的改进的预测；短期预测是指预测的目标距现在的时间较近而且经历的时间比较短的预测活动。短期预测的预测期限因预测对象的不同而不同。如产品销售预测 1~6 个月，技术预测 1~5 年，环境预测 1~10 年。短期预测一般与中、下级管理部门的工作有关。它所涉及的对象一般都有大量的数据作为预测的依据，同时往往是一些较细微、琐碎的事物。②根据预测对象的不同，可以分为宏观预测和微观预测：宏观预测指对整个国家或一个地区、一个部门技术经济发展前景的预测，它是以整个社会经济发展作为考察对象的，研究社会经济发展中各项有关指标的发展水平、发展速度、增长速度以及相互间结构、比例和影响的关系，例如，对全国和地区社会再生产各环节的发展速度、规模和结构的预测，以及对社会商品总供给、总需求的规模、结构、发展速度和平衡关系的预测等；微观预测是指对某一具体的预测目标（如一项产品、一项技术、一项工艺等）的发展前景所作的预测。通常，它以某一经济单位的技术经济活动作为考察对象，例如，某企业某项产品市场占有率预测和某一产品生产成本的预测等。③根据企业所处的市场不同，可以分为商品市场预测、劳动力市场预测、金融市场预测、农产品市场预测、房地产市场预测等。

通常情况下，预测的方法包括定性预测法和定量预测法。定性预测法指的是通过市场调研了解实际情况后，预测主体凭借实践经验和业务理论水平，对未来的发展程度做出的判断，主要方法有类比预测法、头脑风暴法、德尔菲法等。定量预测法是根据准确、及时、丰富的市场信息，运用统计学方法和数学模型，对市场未来的需求规模和发展水平的比例关系进行数量预测，通常情况下用一元线性回归和多元线性回归预测法的较多。预测的基本步骤包括确定预测目标并制订计划、搜集市场信息、选择预测方法、实施预测、分析评价预测结果等过程。

决策指的是人们对客观事物未来的发展做出的目标选择以及实现目标所选择的方案，具有动态性、信息化和未来性的特征。决策的分类有不同标准，按决策的实施范围划分，可以分为单位决策和政府决策；按照思维和决策问题的结合情况划分，分为程序性决策与非程序性决策；按决策主体划分，分为集体决策与个人决策；按决策所处条件，分确定性决策、风险性决策与竞争性决策。决策的步骤主要有：提出问题和明确方案；明确目标和明确方向；分析矛盾和提出方案；评价分析和方案选择；执行方案。

预测与决策之间相辅相成，密不可分。预测既是决策的前提和依据，也是改进决策的手段，其目的是指导人们能够做出科学决策，并及时调整和修正决策方案；决策对预测具有反作用，决策采取行动时，预测进行相应的修正。

（3）安全预警理论。预警就是通过某种手段获取相关信息，事先警告他人警惕某些注意事项，而从管理学角度分析，预警就是通过对事物的现状和未来进行监测，指出危害的程度，并能够提出有效的建议和措施。对所选择的对象进行预警，必须收集相关对象的各种有效信息，建立关键性性能指标，依据相关预警理论和实际信息设置指标的临界值，确定预警区间，通过相关预警方法对选择对象的警度进行预报。

预测就是预报，但是预测所需要设置的指标比较单一，且不需要设置指标临界值。因此，预警并不是一般意义上的预测，预警是对某种特殊情况的预测，预测和预警是相互联系而又相互区别的两个概念。当前，主要的预警方法是指标预警法。指标预警法是首先构造能够反映所选对象状况的指标体系，通过监测分析所构造的所有指标的变化情况、趋势和变化规律，分析所选对象的状态。指标预警法具有连续较强的可比性，有利于依据历史信息预测未来的信息。

食品安全预警理论，是对食品生产、加工、流通、服务等供应链中的各个环节的风险因素进行跟踪和监控，构建各环节影响食品安全的关键性指标体系，并通过利用各种手段包括技术等收集各种数据信息利用各种方法进行分析比对，实现对食品安全波动情况和发展趋势的预告和警报。

根据已有的研究，可以从不同角度按不同的标准对预警方法进行分类，如表 1 - 1 所示。

表 1 - 1　　　　　　　　　　　预警方法的分类

分类标准	类型
预警方法的主/客观性	主观预警法和客观预警法
预警模型的特点	经验模型预警和正规模型预警
预警分析的途径	时间序列预警、计量经济模型预警、因果分析、直观型预警

主观预警法主要依靠预警专家所积累的经验进行分析和判断，具有一定的主观性；客观预警法主要是在搜集核心数据信息的基础上，利用

相关数据和预警模型进行分析和判断；经验模型预警主要根据预警专家的感性认识建立模型进行预警分析；正规模型预警是在实际科学模型的基础上，根据包括因果关系、时间关系、结构关系等关系，理性地构建数学模型进行预警分析；时间序列预警方法通常以时间序列为依据，对某种现象按照时间发展的过程进行因素分解，进而发现该研究现象发展变化的规律性，主要方法有指数平滑法（一次指数平滑法、二次指数平滑法、三次指数平滑法）、移动平均法、马尔柯夫法、季节变动法等；因果分析预警法是分析目标与相关影响因素之间的因果关系，根据自变量与因变量的关系对需预警的对象进行定量预算，包括一元回归模型、多元回归模型和 logistic 回归等。

通常情况下，预警常用的方法可以概括成以下三大类：定性预警法、定量预警法、半定量预警法。定性的预警方法主要是预警专家凭借本身的实践经验和业务理论水平，对需要预警的对象做出判断，预警专家由于各自的背景、知识、经验积累和心理素质的不同，可能对相同的调研过程获得的实际信息做出不同的判断结果，因此，预警的结果会因人而异，为了使预警结果达到一致，必须采用各种方式手段使每个预警专家的意见趋于一致。常用的定性预警方法有个人判断法、专家会议法、头脑风暴法和 Delphi 法等。定量预警法主要是通过调查而获得准确、及时、丰富的数据资料和市场信息，运用统计学方法和数学模型，将信息进行量化处理后而得到相关预警结果。与定量预警法相比较，定性预警法更多的是凭借专家的经验依据所获得的信息做出主观判断，在无法获取历史数据或者无法建立有效模型的情况下，一般采用定性预警法。半定量预警法是居于定性和定量预警之间的一种方法，主要是将定性和定量方法有机结合，综合运用而得到相关预警结果。

5. 农产品质量安全预警的类别及方法选择

受农产品本身的特殊性影响，决定了农产品质量安全预警的内容涉及范围广，判断的依据也会非常复杂。近年来，国内外大量学者对农产品质量安全预警，尤其是食品安全预警的方法从多个方面进行了有益的探索，并已取得了一系列的研究成果。可以按预警状况、农产品生产风险的警源、食物链构成、预警的时间尺度、预警的空间尺度、农产品种类统计口径等对农产品质量安全预警研究方法进行分类①。仅从预警对象看，可将其划分为三类。

（1）产品监测预警。农产品质量安全预警的目标是要确保所消费的农产品的质量安全。因此，对产品质量安全的监测与评价对产品的预警至关重要。产品监测预警就是基于这一目标。

产品监测预警是以农产品为研究对象，将农产品所含的各种化学性危害物、生物性危害物、物理性危害物等污染物残留值作为预警指标，借助已经制定的科学标准数据库，针对不同的目标科学地界定不同预警指标的警度阈值，并依此编制不同目标条件下的农产品质量安全预警基础表，并进行农产品质量安全预警。产品监测预警方法是以化学实验的检测数据作为科学支撑，综合应用比对法、综合评判法、统计分析法等进行研究。一般地，对于植物性农产品质量安全大多通过检测各种农药残留指标结果与标准进行比对，通过比对对结果进行评判与预警；对于畜禽类农产品质量安全通常通过检测各种兽药残留指标及微生物污染指标结果与标准进行比较，进行评判与预警；而对于水产品类农产品质量安全则需要通过检测水产品中各种药物指标结果是否超过指定阈值进行评判与预警。

当前利用产品监测预警方法进行农产品质量安全预警的研究成果较多，尤其是在农产品的进出口环节和流通环节。如农业农村部每年进行的主要农产品质量安全的抽检合格率，江苏、福建、海南等省建立的"省级农产品质量安全监测预警系统"，国家市场监督管理总局建立的"出口食品安全监测预警系统"等都广泛应用产品监测预警方法。但这些分析结果都主要侧重于农产品质量安全的综合评价上，对进一步的趋势分析判断都仍未深入涉及。目前，中国农业科学院农业信息研究所建立的主要农产品安全预警系统就是利用产品监测预警方法，它不仅能实现一类农产品或某一品种农产品的质量安全的快速预警，还能借助于网络、通信等现代信息技术，将不同区域管理者或社会公众获取的种植类农产品、畜禽类农产品、水产类农产品等质量安全指标检测结果，直接输入到预警系统中，即可获得对一个地区或一类产品或某一品种的农产

---

① 安建、张穹、牛盾：《中华人民共和国农产品质量安全法释义》，法律出版社 2006 年版。

品质量安全状况，从而实现农产品质量安全预警随时、随地都可以进行的目的，提高政府的宏观管理效率。

（2）过程风险分析预警。农产品从生产到消费的过程中，其产地环境、生产过程中的农业投入品、包装物、运输条件、储存环境等对农产品质量安全都会产生一定的影响。终端初级农产品质量安全总体风险水平是由产地环境过程、生产过程和产后过程等农产品生产全过程中不同阶段的各种风险因素积累效应的最终表现，是多种风险因素，如物理性风险因素、化学性风险因素和生物性风险因素等通过多种途径、多种方式综合作用的结果。因此，要对农产品质量安全进行有效防范和预警，就需要对影响农产品质量的众多风险因素进行综合评判与预警，由此产生了农产品质量安全过程风险预警。

过程风险预警方法是以风险分析预警理论为基础，以农产品生产过程中的各个环节作为综合研究对象，对农产品形成过程中存在的各种风险因素进行早期评估，在此基础上借助于经济学方法，将各个环节的风险因子作为预警指标，进行农产品质量安全预警的方法。该方法以调查、统计数据为科学支撑，结合风险分析技术、统计分析法、贝叶斯网络、模糊理论模型、随机模拟模型、控制区间记忆模型等进行预警研究，该方法主要进行农产品质量安全风险程度的判断及预警。其中，常见的风险因素主要有：①产地环境污染。主要是农产品生产场所的大气、水、土壤等环境污染，其中以水环境污染和土壤污染最为严重，污染灌溉区的重金属污染在种植类农产品实体内随着植物的生长不断地在农产品内部积累，导致食用之后人体健康受损。水产养殖的水体的污染或畜禽饮用水的污染也会直接危及动物性农产品的质量安全，进而影响人体生命健康。②生产过程中的农业投入品污染。主要包括农药、兽药、饲料添加剂、化肥、植物生长调节剂、农膜等农业投入品的污染，其中以农药、兽药残留最为严重。特别是剧毒农药在农业生产中的使用，不仅使植物性农产品的直接使用对人体直接产生危害，而对于动物性农产品，饲料中的添加剂和激素会在动物体内继续存在，而且会与其他兽药一起产生药物积累，对人体的危害更大。③生产中的农事操作不当产生的污染。主要包括农业投入品的不规范使用，例如，没有遵循必要的用药间隔期等；也包括农产品在收获、贮藏、运输、销售等环节的各种物理性、化学性、生物性污染，最终导致农产品质量安全水平整体不高。

农产品质量安全风险分析是指对人类、动植物健康或环境可能产生不良效应的危害进行评价，并在此基础上采取的能降低危害影响的措施①。风险分析包括由风险评估、风险管理和风险交流三个部分共同构成的一个过程②。而过程风险分析预警是通过对农产品从"农田到餐桌"种养殖环节中的风险因素进行评估、分析，借助经济学方法进行警情分析，警度判断，提出预警的政策措施。

目前，过程风险分析预警手段已经被广泛应用于食品安全预警中，尤其被应用于加工食品生产环节中，并取得了一定的成果。沃特·H（Voet H）等运用蒙特卡洛模拟方法对多种化学物质暴露的综合风险评估模型进行了研究，综合计算出暴露于二噁英风险和3-脂肪酸的益处③；日本应用蒙特卡洛方法模拟了不同大米的镉标准对暴露的影响，该模型也被用于评价病原菌在农产品中产生的风险④。C. 钱伯曼（C. Chapman）和D. 库泊（D. Cooper）在1983年，为获得作用于农产品上所有风险的组合作用的概率或概率分布，提出了一种能够处理不同生产过程的农产品质量安全风险的不确定概率或概率分布的组合问题，并进行风险叠加的风险分析处理模型——控制区间记忆模型（Controlled Interval and Memory Model），也称概率分布的叠加模型或"记忆模型"⑤，可以对农产品质量安全总体风险水平进行全面评价。2003年10月，国家"十五"重大科技专项"食品安全关键技术"中的"进出口食品安全风险控制技术研究"课题，第一次确定了我国进出口食品安全

① 安建、张穹、牛盾：《中华人民共和国农产品质量安全法释义》，法律出版社2006年版。

② 中国农科院农业质量标准与检测技术研究所：《农产品质量安全风险评估——原理、方法和应用》，中国标准出版社2007年版。

③ Voet H, Mul A, Klaveren J. A probabilistic model for simultaneous exposure to multiple compounds from food and its use for risk benefit assessment [J]. *Food and Chemical Toxicology*, 2007（45）：1496–1506.

④ JECFA. Evaluation of certai food additives and the contaminants. *Sixth-fourth report of the Joint FAO/WHO Expert Committee on Food Additives, summary and conclusion* [M]. Geneva：World Health Organization, 2005：17–19.

⑤ Nelson. Information and consumer behaviour [J]. *Journal of Political Economy*, 1970（81）：729–754.

风险分析的一般性原则,并建立了食品安全风险分析信息平台以及食品安全风险分析的理论体系,将食品风险分析从理论研究阶段深入到实践应用阶段,这标志着我国已经在进出口食品安全领域建立了食品安全风险分析系统。在农业生产方面,也建立了《良好农业规范》(Good Agricultural Practices)系列国家标准和《良好农业规范认证实施规则》,为进一步风险分析预警提供了很好的基础。

(3)整体宏观预警。农产品质量安全具有公共物品的特性,属于政府公共管理行为,因此,建立农产品质量安全宏观预警系统,适时掌握农产品质量安全的总体发展态势,防患于未然是政府宏观调控的重要内容,在农业管理中将发挥重要作用。农产品质量安全宏观预警过程既是一个信息分析的过程,也是一项系统工程。农产品质量安全整体状况会受到自然风险和经济风险及其交互作用的影响,一般可以通过一些指标反映出来。农产品质量安全宏观预警就是要通过所确立的风险指标体系,利用现场检测手段以及产前信息收集的智能分析,发现风险性的信息以做出预警。

整体宏观预警,就是以逻辑预警理论、系统预警理论为基础,从宏观整体层面出发,通过对大量相关检测指标、统计指标的分析,筛选出具有代表性的指标,组成农产品质量安全监测指标体系,在此基础上建立各种指数或模型来描述农产品质量安全宏观运行状况和预测未来走势。农产品质量安全宏观预警以调查、统计数据为预警指标,预警方法主要采用:单指标法、扩散指数法、综合指数法、时序分析法等。

在农产品质量安全整体宏观预警过程中,农产品质量安全宏观预警指标体系的建立至关重要。指标体系一般由先行指标(leading indicator)、同步指标(coincident indicator)和滞后指标(lagging indicator)三种指标构成。一致指数同步指标是反映当前农产品质量安全的基本走势,由种植业农药残留检测值、畜牧业兽药残留检测值、水产业残留检测值等几个方面合成;先行指数是由一组领先于一致指数的先行指标合成,包括:农药使用量、兽药使用量、饲料使用量等指标,用于对农产品质量安全未来的走势进行预测;滞后指数是由落后于一致指数的滞后指标合成得到,它主要用于对农产品质量安全循环的峰与谷的一种确认。预警指数是把农产品质量安全发展的状态分为5个级别,"红灯"表示农产品质量严重不安全,"黄灯"表示农产品质量较不安全,"绿灯"表示农产品质量安全状况正常,"浅蓝灯"表示农产品质量较安全,"蓝灯"表示农产品质量很安全。每种指示灯颜色表示一种农产品质量安全状况,而每种经济景气状况又对应一种应该采取的宏观政策取向。

农产品质量安全宏观预警的作用,总体来讲,是加强农业宏观调控,促进农业宏观管理方式由经验管理转变为科学管理、由滞后管理转变为超前管理、由静态管理转变为动态管理,使农业宏观管理更加科学化、程序化,为决策服务。具体来讲,可分为三个方面:一是起到"报警器"的作用。发生警情后,系统将迅速启动并及时进行报警,为减少损失赢得时间和空间,争取做到防患于未然。二是起到"调节器"的作用,根据警情预报,快速地查找到警源,并采取相应对策,及时做出调整,恢复无警状态。三是起到"安全阀"的作用,在没有重大警情出现的时候,农产品质量安全运行偶尔出现偏差也都是正常的。

受农产品质量安全预警过程复杂性的影响,当前在农产品质量安全宏观预警上,尽管有不少学者从不同的侧面进行研究,也建立了一些指标体系,但成熟转化应用于实践中的预警系统当前仍未出现。

三、研 究 内 容

本书围绕"大数据背景下的农产品质量安全预警管理"进行展开,从农产品供应链整体的角度,结合农产品供应链的特点以及大数据环境下农产品供应链中的数据所呈现的特殊性,依托数据仓库、机器学习和数据挖掘技术,对可能引起农产品质量安全问题的风险因素进行识别、评估、管理和控制进行研究,并进一步探讨对政策支持所起的作用,完善我国的农产品质量安全预警管理体系,不仅丰富了农产品质量安全风险管理理论,加速信息技术在农产品质量安全预警管理中的应用进程,适应当今时代的发展,提高供应链的应急反应能力,而且可以为减少农产品质量安全事件提供新的途径和手段,提高政府监管部门的监管能力和反应速度,并能够为构建科学高效的农产品质量安全预警管理体系提供相应支持。本书的具体内容及各部分之间的关系如图1-2和图1-3所示。

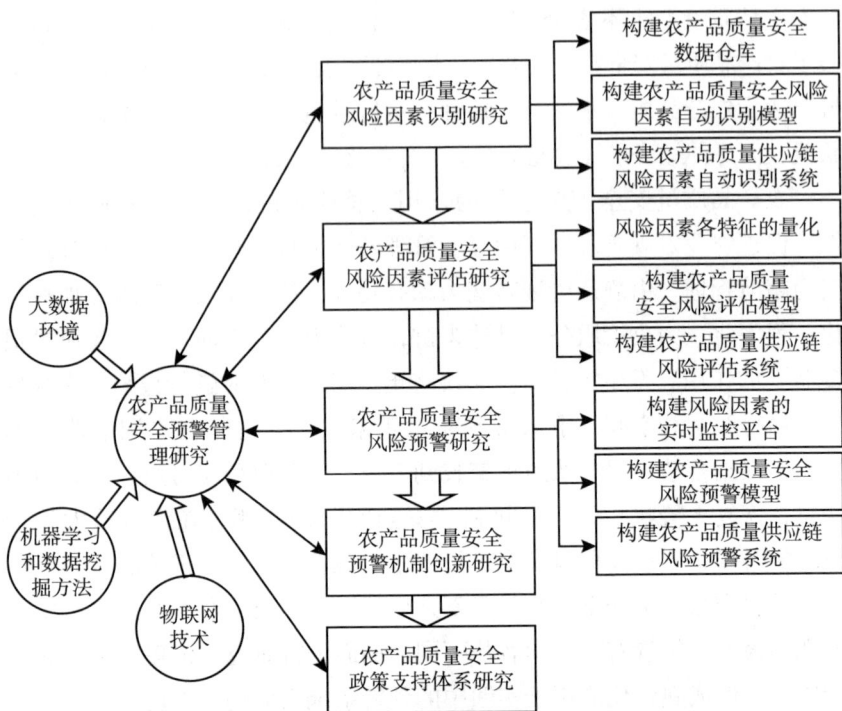

图 1 - 2   数据驱动的农产品质量安全预警管理主要内容

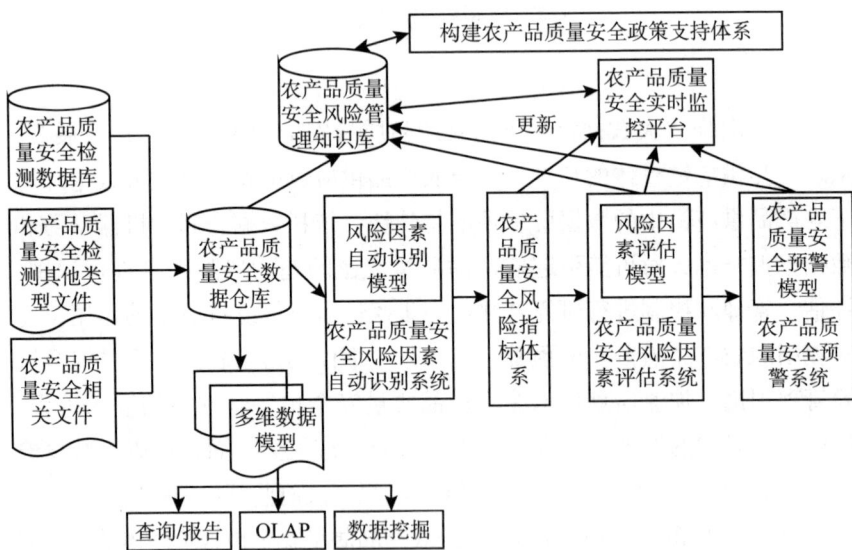

图 1 - 3   农产品质量安全预警体系各部分关系

1. 农产品质量安全风险因素识别研究

在大数据环境下的农产品供应链中，农产品质量安全风险因素众多且异构，如资金技术不到位、农民的认识有限和利益驱动等，而且涉及产地、生产过程、贮存、运输、加工、销售等各个环节，因而能够获得海量结构化、半结构化以及非结构化的农产品质量安全相关数据，且这些数据多样性、稀疏性、实时性更强。基于以上这些特点，首先需要利用 MapReduce 技术和数据挖掘方法，对这些海量异构数据进行一定的预处理；其次再根据用户的实际需要定义相关主题，经过数据抽取、清洗、转换、集成、装载等过程，对数据重新进行组织，构建起统一的、集成的农产品质量安全数据仓库，对数据进行统一存储和管理，并构建农产品质量安全多维数据模型，可以多维度、多层次地分析相关数据，为用户的决策提供相应支持；最后结合机器学习和数据挖掘技术对海量信息进行深层次挖掘，进一步识别供应链中潜在的风险因素，并对各风险因素按照语义相似性进行归纳分类，分析其产生的原因及特性，构建农产品质量安全风险因素自动识别模型，建立农产品供应链风险因素自动识别系统，实现对各种风险因素的自动判别，最终形成农产品质量安全风险指标体系，建立农产品质量安全风险管理知识库，进而实现对农产品质量安全风险因素的实时监控。

2. 农产品质量安全风险因素评估研究

在上述已经构建的农产品质量安全数据仓库及知识库的基础上，结合 HACCP 方法，利用先进的数据仓库分析工具、机器学习和数据挖掘技术对决定风险因素影响力大小的各种风险进行深入分析，深层次挖掘食品供应链上各种风险因素的危害性、发生的可能性、该风险因素可能引起的农产品质量安全事件的可控性、随时间推移的变化趋势及各风险因素之间的潜在关系等信息，结合模糊数据理论、运筹学方法、关联规则发现、遗传算法等数据挖掘方法，建立动态的农产品质量安全风险评估模型，定性和定量地对食品供应链风险因素进行分析评估，为选择合适的风险管理的方法并做出正确的风险管理决策提供科学的依据；在此基础上进一步确定当前食品供应链中重要的风险因素以进行重点监控，使得供应链风险控制在最小范围之内，减少农产品质量安全事件的发生。

3. 农产品质量安全风险预警研究

在数据仓库、机器学习和数据挖掘技术的支持下，从风险的可变性和可控性本质出发，结合大数据背景下供应链数据所呈现的特殊性以及食品供应链的脆弱性和不确定性的特征，根据事先建立的农产品质量安全风险指标体系，实现对风险的实时监控，构建农产品质量安全风险实时监控平台；在主成分分析的基础上，结合各风险因素之间的潜在关系，对监控与测算的结果进行分析和评价，获得各风险因素的变化情况，对最重要的风险获得最多的关注，并实施预警和反馈，不断丰富农产品质量安全风险管理知识库的内容，为及时制定和选择有效的风险控制措施提供有价值的依据；根据农产品质量安全风险评估模型和各风险因素指标之间的相互作用关系以及指标的数据类型，利用决策树、支持向量机、朴素贝叶斯等方法构建科学合理的基于机器学习和数据挖掘方法的面向整个供应链的农产品质量安全风险预警模型，探讨预警模型的参数优化方法，并对模型的显著性进行检验，以期对农产品质量安全的总体水平能够进行合理的预测与评价；基于提出的预警模型进一步构建食品供应链风险预警系统，为政府监管部门能用最有效的控制手段和最优化的资源投入将农产品质量安全风险控制在最小范围内提供数据支持。

4. 农产品质量安全的政策支持体系研究

基于以上构建的系统，使得政府和监管部门能够从多维度、多层次分析和处理数据，帮助管理人员认清供应链中存在的各种风险因素，确定当前面临的风险及其性质，把握其发展规律，再结合从农产品质量安全风险管理中挖掘到的潜在有用信息，帮助政府及时发布风险预警信息报告，对食品供应链进行有效的监督和引导，提高供应链成员的风险意识，指导供应链成员对供应链中的风险进行规避和有效防范，并能对发

生的重大风险事件进行重点监控，而且为事后追溯源头、分清责任提供
一定的依据，从而为政府和监管部门制定相关政策提供决策支持，进一
步为提高我国食品行业抗击风险的能力、完善我国的农产品质量安全保
障体系提供理论支持。

四、小　　结

近几年，国内农产品质量安全事件的屡屡发生，不仅损害消费者和
生产者利益，也对整个农业产业的健康以及农业的可持续发展带来了严
重的负面影响，加快建立预警系统的速度就成为避免和预防此类农产品
质量安全事件的发生的客观要求。而我国是农业大国，再加上农产品本
身的特殊性和复杂性，构建农产品质量安全预警系统迫在眉睫，对农产
品质量安全预警方面的研究显得尤为重要。

本章首先阐述了构建农产品质量安全预警模型的研究目的及意义，
然后对农产品及农产品质量安全的概念进行了界定，分析了农产品质量
安全的五大经济学特征，介绍了目前主要的三种质量安全预警理论，并
根据预警对象，将农产品质量安全预警分成农产品监测预警、过程风险
分析预警和整体宏观预警三类并对其进行了详细介绍。最后对进行农产
品质量安全预警需要研究的内容进行了概述。

第二章

农产品质量安全管理现状

一、现阶段我国农产品质量安全现状

1. 我国农产品质量安全现状

随着经济的快速发展和人民生活水平的不断提高，人民对农产品的要求已经由简单的"吃饱求生存"转向更高层的"吃好求健康"方向转变。城镇居民食品消费需求正在从追求数量向追求安全、质量、营养、无公害、多样化和方便转化。当前农产品的供给特点，从总体上讲是"四多四少"，即大路产品多，低档产品多，普通产品多，原料型产品多；优质产品少，高档产品少，专用品种少，深加工产品少，根本不能满足城乡居民收入水平提高后对农产品的多样化、优质化、专用化、营养化消费需求，更不能适应加入 WOT 后农业参与国际竞争的需求。由于品质差，结构落后，存在诸多质量安全问题，中国的农产品在国际市场上缺乏竞争力，国内市场也受到外国产品的冲击。

农产品从生产到消费，从农田到餐桌好比是深受环境制约和社会行为影响的脆弱链条。落后的生产方式和严重的源头污染是严重制约我国农产品质量安全的全局性根本障碍。除此以外，导致我国农产品质量不安全的因素还有更深层次的问题；既有经济基础落后，又有上层建筑不相适应；既有法规标准体系不健全，又有执法监督机构欠协调；既有行政管理乏力，又有技术支撑不足等。目前我国农村环境中的生物、化学因素的污染，生产过程中化肥、农药、兽药、添加剂的使用不当，加工技术和工艺不合理、陈旧落后等无不危及这一链条，最终导致农产品中有害物质残留超标，威胁消费者健康。以分散、落后、低水平为特点的生产模式承担了我国大部分农产品的生产经营，这一落后的生产方式在抵抗风险（如环境污染），推行规范化管理和应用新技术（如 HACCP、GAP、GHP、GMP 等）中无能为力，实现从源头到终产品的全程监控困难，也影响了农产品质量安全。

我国政府在解决农产品数量安全的同时，也着力解决农产品质量安全问题。早在 1992 年，国家就做出了大力发展高产优质高效农业的决定。经过十几年的努力，中国农产品质量安全水平有了明显的提高。优质稻米发展迅速，优等品率已达到了 25% 以上；优质专用小麦种植面积已占小麦总种植面积的 20% 以上；精细菜实现了周年供应；主要农产品中的农药残留和有毒有害物质超标率问题等都得到了有效控制。

以 2001 年实施"无公害食品行动计划"、2008 年组建农产品质量安全监管局为标志，逐渐形成以农业供给侧结构性改革为主线，从生产和监管两端同时发力构建农产品质量安全的风险预警技术体系，使我国的农产品质量安全水平有了很大提高。

2. 我国主要农产品质量安全现状

2001 年，我国农业部门对 20 个省份 130 种水果蔬菜的 10187 个样品进行农药残留检测，农药残留超标率为 19%；对 14 个省会城市 9 个蔬菜品种的农药和有毒有害物残留抽检，农残超标率达到 31.1%。同时，在对北京、上海、天津、济南等 7 个城市 123 种主要蔬菜品种的产地环境调查中发现：硝酸盐轻度污染以下的品种 34 种，占 27.6%；其中，高度和严重污染的占 72.4%。按照世界卫生组织和联合国粮农组织的标准推算，其中严重污染已经不允许食用的蔬菜品种有 33 个，占 26.8%[①]。

---

① 刘振伟：《关于农产品质量安全管理问题》，载《食物安全与营养健康》2002 年第 1 期，第 15 ~ 16 页。

为了保证农产品质量安全水平，我国政府采取了很多措施。蔬菜产品质量安全总体合格率逐步上升。根据 2003～2007 年 37 个城市蔬菜中甲胺磷、乐果等农药残留监测结果，中国蔬菜质量安全总体合格率持续上升（见图 2-1）。2007 年 1 月和 4 月两次监测，蔬菜中农药残留平均合格率为 93.6%。其中，蔬菜生产基地合格率为 96.7%，批发市场、超市和农贸市场的合格率分别为 93.7%、91.7% 和 92.5%。蔬菜产品质量安全合格率逐年提高。

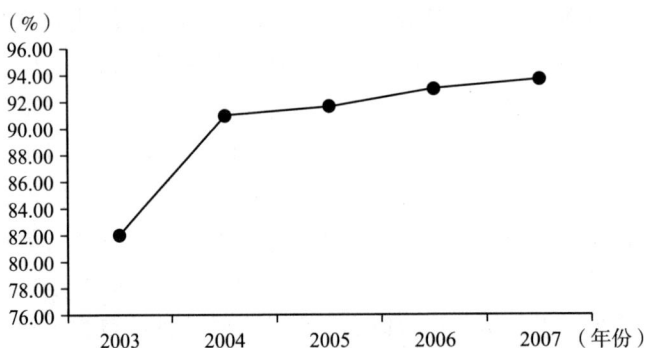

图 2-1　2003～2007 年 37 个城市蔬菜农药残留监测合格率

畜产品质量安全总体合格率保持较高水平。根据 2003～2007 年 22 个城市畜产品中"瘦肉精"以及磺胺类药物等兽药残留监测结果，近年来畜产品质量安全合格率总体呈上升态势（见图 2-2 和图 2-3）。

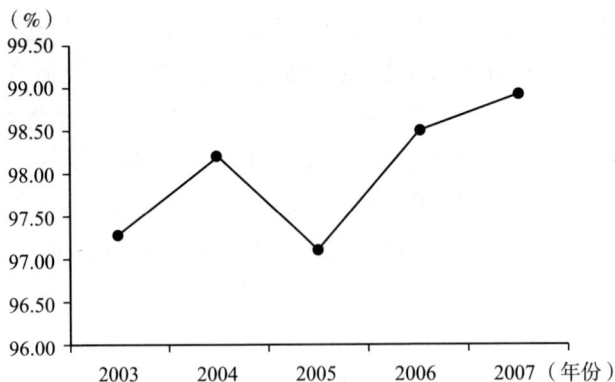

图 2-2　2003～2007 年畜产品中"瘦肉精"污染检测合格率

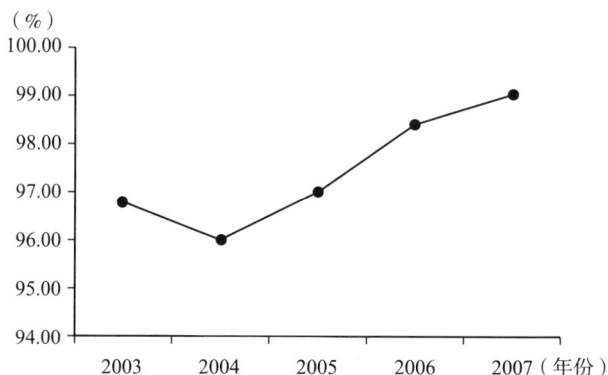

图 2-3　2003~2007 年畜产品磺胺类药物残留检测合格率

2007 年 1 月、4 月两次畜产品中"瘦肉精"污染和磺胺类药物残留监测平均合格率分别为 98.8% 和 99.0%。

从监测结果看，在屠宰场、超市、批发市场和农贸市场的"瘦肉精"监测合格率分别为 99.10%、99.5%、100% 和 96.5%；在超市、批发市场和农贸市场的磺胺类药物监测合格率分别为 98.7%、99.0% 和 99.20%。畜产品质量安全合格率总体保持较高水平。

水产品质量安全总体合格率呈上升态势。根据 2005~2007 年对我国 22 个城市水产品质量安全例行监测结果，可以看出我国水产品质量安全水平总体上处于上升趋势（见图 2-4）。

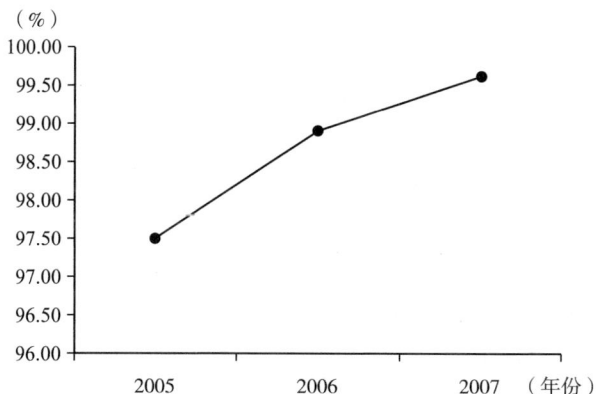

图 2-4　2005~2007 年水产品中氯霉素污染监测合格率

2008 年 1 月，农业部对全国 37 个城市蔬菜中的农药残留，36 个城市畜禽产品中的瘦肉精、恩诺沙星、环丙沙星及磺胺类药物残留，26 个城市水产品中的氯霉素和孔雀石绿及硝基峡喃类代谢物污染状况进行了第一次例行监测。37 个城市中蔬菜农药残留监测合格率为 95.4%，比上年底和上年同期分别提高 0.1 个和 2.6 个百分点，合格率高于全国平均水平的有 22 个城市，分别是济南、青岛、西安、石家庄、郑州、北京、拉萨、兰州、寿光、银川、长沙、福州、哈尔滨、呼和浩特、长春、大连、广州、昆明、南京、深圳、天津和重庆。36 个城市猪肝和猪尿样品中瘦肉精污染监测合格率为 99.2%，比上年底和上年同期分别提高 0.8 个和 0.4 个百分点。猪肉样品中磺胺类药物残留监测合格率为 98.5%，比上年底提高 0.4 个百分点，比上年同期下降 0.3 个百分点。鸡肉样品中恩诺沙星和环丙沙星残留监测合格率为 99.0%。三类药物监测均合格的有 21 个城市，分别是北京、深圳、南京、长沙、石家庄、郑州、沈阳、昆明、南昌、成都、西安、呼和浩特、济南、兰州、西宁、哈尔滨、太原、长春、厦门、银川和乌鲁木齐。26 个城市水产品中的氯霉素污染监测合格率为 100%，比上年底和上年同期分别提高 0.2 个百分点。孔雀石绿的污染监测合格率为 91.5%，比上年同期提高 2.0 个百分点。硝基呋喃类代谢物污染的监测合格率为 92.3%，比上年同期提高 5.5 个百分点。上海、武汉、成都和海口 4 个城市的三种药物监测全部合格。

本次监测结果显示，蔬菜和畜禽产品监测合格率稳步上升，均保持在 95% 以上，水产品中的氯霉素污染监测合格率达到了 100%，水产品中孔雀石绿和硝基呋喃类代谢物污染的监测合格率整体水平保持在 90% 以上。

至 2009 年上半年，我国农产品质量安全总体形势稳定。根据农产品质量安全例行监测结果，我国畜禽产品、水产品、蔬菜合格率分别达到 99.5%、95.8% 和 95.9%。根据生鲜乳质量安全监测结果，我国 29 个省份的 3373 批次生鲜乳样品中三聚氰胺含量全部符合临时管理限量值规定，13 个奶牛主产省的 903 批次生鲜乳样品中皮革水解蛋白检测合格率均为 100%。蔬菜合格率也稳步上升，畜产品、水产品主要检测指标合格率已经连续 3 年多保持在 95% 以上，农产品出口贸易快速增长，2001 年我国农产品出口额为 160.7 亿美元，2008 年农产品出口额为 405 亿美元，年均增长率为 13.73%，到 2012 年我国农产品出口额为 632.9 亿美元，同比增长 4.2%。

2010 年蔬菜、畜产品、水产品等主要农产品监测合格率总体达到 96% 以上，比 2001 年提高了超过 30%。2011 年，农业部根据农产品质量安全监测计划组织开展了 4 次农产品质量安全例行监测工作。全年共监测全国 144 个大中城市，5 大类产品，91 个品种，91 项参数，抽检样品近 4 万个。监测结果显示，按往年同口径统计，蔬菜、畜禽产品和水产品监测合格率分别为 97.4%、99.6% 和 96.8%，农产品质量安全水平总体稳定，逐步向好的方向发展。

2012 年 1~3 月，农业部组织开展了全国农产品质量安全第一季度例行监测，共监测了 31 个省份 150 个大中城市的蔬菜（含食用菌）、水果、畜禽产品和水产品 4 个大类产品，78 个品种，87 个参数，共抽检样品 9628 个。监测结果显示，按往年同口径统计，蔬菜、畜禽产品和水产品合格率分别为 97.3%、99.8% 和 96.5%，水果合格率为 96.6%。农产品质量安全状况继续向好。总体来说，2012 年全年没有发生重大农产品质量安全事件：农产品质量安全水平稳中有升，蔬菜、畜禽产品和水产品例行监测合格率分别为 97.9%、99.7% 和 96.9%。

据监测，2013 年上半年我国蔬菜、畜产品、水产品例行监测合格率为 95.9%、99.7% 和 94.2%，继续保持较高水平。在 2013 年上半年，农业部组织开展了 2 次例行监测，对全国 31 个省份 153 个大中城市的主要农产品进行了监测，对发现的问题及时通报所在地进行认真整改。全面推进风险评估，组织 47 家部级质检机构对 10 类产品开展质量安全普查，积极排查存在的问题隐患；积极做好 2293 个农药残留限量的组织实施工作，新制定农业标准 103 项，完成无公害产品类标准的清理转化，发布《茄果类蔬菜等 55 类无公害农产品检测目录》，废止无公害食品标准 132 项，新认证登记"三品一标"产品 6643 个，启动编制《全国地域特色农产品普查备案名录》，推进标准化生产示范。大力推动"三园两场"（蔬菜、水果、茶叶标准园，畜禽养殖标准示范场，水产健康养殖场）创建，支持创建农业标准化整体推进示范县 48 个。同时，继续深入开展蔬菜高毒农药残留、畜产品"瘦肉精"、生鲜乳违禁物质、兽用抗菌药、水产品禁用药物和有毒有害物质、假劣农资等专项整治行动，严厉打击不法行为，加强种养殖环节监管和源头治理，消除安全隐患，进一步提高农产品质量安全水平。

2014年1~3月，农业部组织开展了第一季度全国农产品质量安全例行监测。共监测了31个省份151个大中城市的蔬菜、水果、畜禽产品和水产品4大类产品，86个品种，94个参数，共抽检样品10223个，样品监测总体合格率为96.5%。其中，蔬菜、水果、畜禽产品和水产品监测合格率分别为96.0%、92.5%、99.4%和92.8%，农产品质量安全水平总体平稳。

2015年全年，农业部按季度组织开展了4次农产品质量安全例行监测，共监测全国31个省份152个大中城市中5个大类的产品，包括117个品种和94项指标，抽检样品达43998个，总体合格率为97.1%。其中，蔬菜、水果、茶叶、畜禽产品和水产品例行监测合格率分别为96.1%、95.6%、97.6%、99.4%和95.5%，农产品质量安全水平继续保持稳定。"十二五"期间，蔬菜、畜禽产品和水产品例行监测合格率分别上升3.0个、0.3个和4.2个百分点，均为历史最好水平。

2016年，农业部按季度组织开展了4次农产品质量安全例行监测，共监测全国31个省份152个大中城市5大类产品108个品种94项指标，抽检样品45081个，总体抽检合格率为97.5%，同比上升0.4个百分点。其中，蔬菜、水果、茶叶和水产品抽检合格率分别为96.8%、96.2%、99.4%和95.9%，同比分别上升0.7个、0.6个、1.8个和0.4个百分点；畜禽产品为99.4%，其中瘦肉精抽检合格率为99.9%，同比均为持平。全国农产品质量安全水平持续稳定向好。

2017年，农业部同样按季度组织开展了4次国家农产品质量安全例行监测（风险监测），共监测全国31个省份155个大中城市5大类产品109个品种，监测农兽药残留和非法添加物参数94个，抽检样品42728个，总体抽检合格率为97.8%，同比上升0.3个百分点。其中，蔬菜、水果、茶叶、畜禽产品和水产品抽检合格率分别为97.0%、98.0%、98.9%、99.5%和96.3%，畜产品"瘦肉精"抽检合格率为99.8%，农产品质量安全水平持续向好。

2018年第一季度农业农村部共监测了31个省份和5个计划单列市，

153 个大中城市 452 个蔬菜生产基地、156 个生猪屠宰场、545 辆（个）水产品运输车或暂养池、1494 个农产品批发（农贸）市场和超市，抽检蔬菜、水果、畜禽产品和水产品 4 大类产品，78 个品种，共 9686 个样品，监测农兽药残留和非法添加物参数 119 项，抽检总体合格率达到 97.3%。其中，蔬菜、水果、畜禽产品和水产品抽检合格率分别为 96.2%、96.9%、98.3% 和 98.6%。农产品质量安全水平稳定向好。从监测品种看，抽检的 57 种蔬菜中甘蓝类蔬菜、食用菌和瓜类蔬菜抽检合格率相对较高，分别为 100%、98.7% 和 98.6%，绿叶菜类和豆类蔬菜抽检合格率分别为 92.0% 和 80.3%；抽检的 6 种畜禽产品中，猪肉、猪肝和羊肉全部合格，禽肉、牛肉和禽蛋的抽检合格率分别为 99.0%、98.0% 和 94.2%；抽检的 13 种水产品中，罗非鱼、鲢鱼、鳙鱼和鳜鱼全部合格，乌鳢、鳊鱼和加州鲈鱼抽检合格率分别为 96.9%、96.7% 和 91.8%。

根据农业部 2009~2017 年报告的畜禽产品、蔬菜、水产品等主要农产品抽查合格率的变化趋势，如图 2-5 可以看出，我国农产品总体质量安全水平较高且较平稳：其中畜禽产品总体保持较高水平，抽检合格率一直在 99.5% 左右；蔬菜抽检合格率由 2009 年的 96.4% 上升到 2017 年的 97.8%，中间略有波动但波动幅度不大；水产品在 2013 年和 2014 年质量水平有些下降，但总体水平较高。

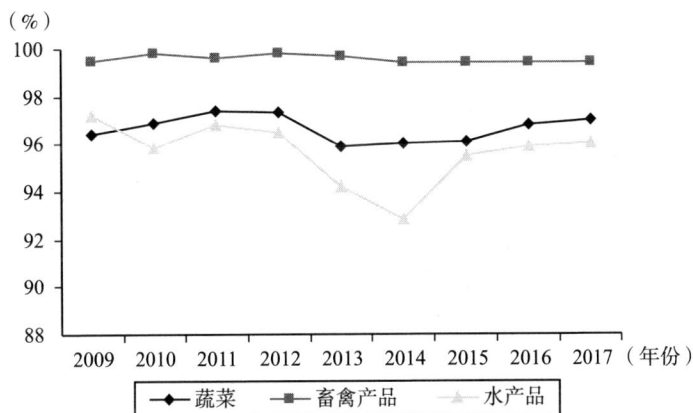

图 2-5 2009~2017 年农业部公布的主要农产品质量安全抽检合格率比较

近些年，我国经媒体曝光的恶性农产品质量安全事件呈逐年递增态势，但整体安全水平有一定提升。据卫生部 2009～2015 年对食物中毒情况的通报可以看到（见表 2-1～表 2-3），从我国颁布实施食品安全法后，我国食品中毒事件报告起数与中毒人数均有大幅度下降，死亡人数也得到较好控制，其中有毒动植物食物中毒的报告起数和死亡人数最多，家庭食物中毒的报告起数和死亡人数最多，说明我国食品安全相关知识的普及程度较低，广大消费者缺乏应有的防范常识；集体食堂食物中毒的中毒人数最多，这跟食堂中人口多样性、流动性和密集性较大有很大关系。

表 2-1　　　　2009～2015 年中国重大食物中毒事件统计情况

统计信息	2009 年	2010 年	2011 年	2012 年	2013 年	2014 年	2015 年
报告起数（起）	271	220	189	174	152	160	169
中毒人数（人）	11007	7883	1324	6685	5559	5657	5926
死亡人数（人）	181	184	137	146	109	110	121

表 2-2　　　　　　　　食物中毒原因分类

致病原因		化学性	有毒动植物	不明原因	合计
报告起数（起）	2009 年	55	81	17	271
	2010 年	40	77	22	220
	2011 年	30	53	28	189
	2012 年	21	72	25	174
	2013 年	19	61	23	152
	2014 年	14	61	17	160
	2015 年	23	68	21	169
中毒人数（人）	2009 年	1103	1269	753	11007
	2010 年	682	1151	965	7383
	2011 年	730	1543	918	8324
	2012 年	395	990	1551	6685
	2013 年	262	718	1220	5559
	2014 年	237	780	809	5657
	2015 年	597	1045	1103	5926

续表

致病原因		化学性	有毒动植物	不明原因	合计
死亡人数（人）	2009 年	66	93	2	181
	2010 年	48	112	8	184
	2011 年	57	51	15	137
	2012 年	19	99	12	146
	2013 年	26	79	3	109
	2014 年	16	77	6	110
	2015 年	22	89	2	121

表 2 - 3　　　　　　　　　　食物中毒场所分类

中毒场所		集体食堂	家庭	饮食服务单位	其他	合计
报告起数（起）	2009 年	50	145	51	25	271
	2010 年	37	106	27	50	220
	2011 年	44	86	28	31	189
	2012 年	42	96	12	24	174
	2013 年	37	81	22	12	152
	2014 年	34	81	30	15	160
	2015 年	44	79	29	17	169
中毒人数（人）	2009 年	2978	4139	2821	1069	11007
	2010 年	2117	1260	1621	2385	7383
	2011 年	2733	2576	1516	1499	8324
	2012 年	3096	1615	324	1650	6685
	2013 年	2388	1563	1207	401	5559
	2014 年	2139	1525	1542	451	5657
	2015 年	2522	1301	1510	593	5926
死亡人数（人）	2009 年	7	154	5	15	181
	2010 年	0	145	3	36	184
	2011 年	4	99	3	31	137
	2012 年	3	128	8	7	146

中毒场所		集体食堂	家庭	饮食服务单位	其他	合计
死亡人数（人）	2013 年	3	95	1	10	109
	2014 年	2	94	2	12	110
	2015 年	2	103	4	12	121

资料来源：卫生部网站，http：//www.moh.gov.cn/. 根据历年卫生统计摘要整理。

基于以上数据可以看出，我国在农产品质量安全控制方面已经取得了很大进步，但长远来看，所面临的形势依然非常严峻，加快创新农产品质量安全预警机制势在必行。

3. 我国农产品质量安全存在问题

我国是农业大国，农产品种植是我国主要的农产品来源，山东作为农业大省，在农产品质量安全管理方面的情况在我国具有一定的代表性，下面以山东省为例，来了解我国在农产品质量安全管理方面存在的各种问题。

尽管山东省在农产品质量安全方面做了大量的工作，也取得了一定成效，但是仍然存在很多问题。仅以苹果为例，2000 年有关专家对山东苹果主产区苹果进行了农药残留普查。结果显示，在检测的 12 种农药中，除甲基对硫磷、倍硫磷、甲基托布津 3 种农药未检出外，其余 9 种农药均有检出。对山东苹果主产区 8 市（地）45 处果园的产地环境和产品进行普查，结果发现土壤和灌溉水中铜、铅、汞、铬和砷的检出率均为 100%。灌溉水中铜和汞分别超标 4.4% 和 2.22%，最高超标 24% 和 50%。同时发现，苹果中铅、铜、砷检出率均超过了 93%，铜、锌、氟、汞和铬检出率为 100%；汞、铅和铜 3 种元素的超标率分别为 1.47%、11.29% 和 8.06%，最高超标 25%、230% 和 130%。经过采取大量的措施和努力，尽管近几年的情况大有改观，但山东省的农产品质量安全形势依然不容乐观。据不完全统计，山东省农产品出口受阻情况为：2002 年 1 月，欧盟停止我国动物源性食品进口，直接影响山东省出口创汇 3 亿美元，全省兔肉库存积压 2500 吨；2012 年，山东省农产品累计出口额达到 150.3 亿美元，同比下降 2.3%；2013 年，山东省农产品累计出口额达到 152.1 亿美元；2014 年，农产品出口额达到 157.4 亿美元；2016 年上半年山东农产品出口 485.3 亿元，2017 年山东农产品出口总值突破 1100 亿元大关，达到 1152.5 亿元，同比增长 7.2，占全国农产品出口的 22.7%，同时，由于农副产品中农药残留量超标问题，已严重影响了农产品的出口，影响了山东省农产品的外贸形象和信誉。造成这种局面的主要因素有以下几方面。

（1）农药产品结构不合理、使用量较大，农产品农药残留量较大。我国人多地少，为了保证粮食及其他农副产品的供给量，农药的施用量很大，以山东省为例，仅山东省每年使用制剂农药 6 万~7 万吨，是发达国家使用量的 2~4 倍。其中有不少是剧毒农药。据统计，2002 年山东省农药总产量为 6 万吨，其中杀虫剂有 3.8 万吨、杀菌剂有 0.4 万吨、除草剂有 1.8 万吨；2012 年山东省 51 家原药企业，全年完成原药产量（折百）24.21 万吨；其中，企业自用有 6.89 万吨，同比增长 35.86%；国内销售 9.92 万吨，同比增长 39.63%。据统计，企业共生产杀虫剂 38107.02 吨，占总产量的 15.74%；除草剂 198494.33 吨，占总产量的 81.99%；杀菌剂 5272.73 吨，占总产量的 2.18%；植物生长调节剂 231.01 吨，占总产量的 0.09%。品种方面，据统计，企业共生产 97 个原药品种。其中杀虫剂 37 个，占 38.14%；除草剂 40 个，占 41.24%；杀菌剂 17 个，占 17.53%；植物生长调节剂 3 个，占 3.09%；2013 年前 7 个月，山东省农药产量达到 53.21 万吨，同比增长 14.3%。山东省各类农药产品原药产量的结构比例与我国及发达国家的比较情况如表 2-4 所示。

表 2-4　山东省农药的产品结构与中国及发达国家的产品结构比较

单位：吨，折白

地区	杀虫剂（%）	杀菌剂（%）	除草剂（%）	其他（%）
发达国家	29.0	17.80	47.40	5.80
中国	22.91	4.06	46.44	26.59
山东省	15.74	2.18	81.99	0.09

注：表中数据，发达国家为 1998 年数据，其余为 2012 年数据。

从表 2 - 4 中的数据可以看出，与发达国家相比，即使与全国的平均水平相比，山东省农药产品的结构矛盾都比较突出，产品结构不合理，表现为除草剂和杀虫剂比例偏高、杀菌剂比例偏低。其中，甲基1605、1605、甲胺磷、久效磷、磷胺五个高毒品种，被列入 PIC 国际公约严格限制使用化学品名录中，农业部将在 3~5 年内逐步限制至撤销登记，而山东省的使用量占农药使用总量的 22% 以上，全省已投产的生物、植物农药产品仅有 21 个，其中生物农药 13 个，植物农药 8 个①。加上部分使用者违反规定不合理使用农药，再加上对农药残留监测监管的力度严重不够，是造成农产品农药残留问题突出的根源。

2004 年上半年，青岛市设在批发市场、农贸市场、超市以及集体食堂等单位的 133 个无公害蔬菜监测点，共检测出各种不合格蔬菜 329 批次，销毁了 1 万多千克的农药超标蔬菜。

（2）化肥施用量较大，农产品中的硝态氮累积超标。土壤中的氮、磷、钾通常不能满足作物生长的营养需求，需要施用含氮、磷、钾的化肥来补足。化学肥料简称化肥，是用化学和（或）物理方法制成的含有一种或几种农作物生长需要的营养元素的肥料。也称无机肥料，包括氮肥、磷肥、钾肥、微肥、复合肥料等。它们具有以下一些共同的特点：成分单纯，养分含量高；肥效快，肥劲猛；某些肥料有酸碱反应；一般不含有机质，无改土培肥的作用。

由于我国农产品种植大部分都使用化肥，以山东省为例：山东是化肥消费大省，2001 年用量达 423 万吨（折纯，下同），占全国总用量的1/10，全省耕亩用量 42.5 千克，播亩用量 25.3 千克，相当于 1983 年的 2.3 倍，已超过了英、美等西方发达国家，居世界较高水平。据调查，高产麦田的氮、磷、钾用量和瓜果菜等经济作物的施肥量大大超过需求量。高产田一般超量 30%，而瓜果菜等超量 50%，甚至数倍，2009 年化肥施用量为 472.9 万吨。每年施入的氮肥有 50%~60% 损失掉，而且大部分流失到水体和土壤里，造成污染，造成硝酸盐在植物体内蓄积，还原转变为亚硝酸盐，造成人畜机体癌变。

由于长期大量使用，进入土壤中的化肥，一部分未被作物吸收利用

---

① 刘振伟：《关于农产品质量安全管理问题》，载《食物安全与营养健康》2002 年第 1 期，第 15~16 页。

和未被根层土壤吸收固定，在土壤根层以下积累或转入地下水，成为污染物质。施入土壤中的氮肥不论是以氨盐的形式还是硝酸盐的形式进入土壤中后都被硝化和亚硝化细菌转变为硝酸盐。过量施肥降低了肥料利用率，恶化了土壤生态环境，污染了地下水，还造成果菜风味不正，耐贮性能差，降低了产品品质，土壤中大量的硝酸盐会在蔬菜和饲料作物中积累，并通过食物链影响人体健康。

（3）水质污染较严重，农产品中重金属累积超标。农产品中重金属主要来源于3个方面，即农药、污水以及其他废弃物。其中，污水灌溉是主要的影响因素。目前我国受砷、铬、铅等重金属污染的耕地面积已占总耕地面积的1/5。其中工业"三废"污染耕地1000多万公顷，污水灌溉农田的面积达330多万公顷。污水直接给农田带来的显性危害是农作物产量明显下降，甚至死苗，颗粒无收；隐性危害为农田土壤有害物质不断富集，致使农产品有害物质超标，食用后会危及人体健康。

仍以山东省为例，随着工业生产的迅速发展，进入20世纪80年代以后，山东省产生了大量的工业废水和城市生活污水，其中含有大量的锡、汞、铅等重金属。据统计，2002年，全省废水排放总量23.1亿吨，废水中主要污染物化学需氧量排放总量85.9万吨，全省城市污水处理率40.2%。随着城镇化步伐的加快，导致各种垃圾和废弃物不断增加，其中的污染物质很容易进入城镇水循环系统并造成各种水体的污染。据国家统计局山东调查总队的调查，2002~2006年，山东城镇工业废水排放量呈逐年增加趋势，2002年山东城镇工业废水排放量为107587万吨，2006年增长到144027万吨，年均增加9110万吨。这些废水排入河流、湖泊，造成水体严重污染，严重威胁山东的城镇水环境。

（4）固体废弃物处理不当而进入土壤造成污染。以山东省为例，2002年，全省工业固体废物产生量6558.5万吨，全省城市垃圾处理厂103个，生活垃圾无害化处理量708.5万吨，城市生活垃圾无害化处理率77.3%；到2010年，全省17个市共有1411个企业申报产生危险废物，总量为1084.22万吨，1365个医疗单位申报产生医疗废物2.16万吨；781个科研单位、医院、学校申报有2391个实验室产生实验室废弃物 351.33 吨；2012 年，仅青岛市工业固体废物产生量就达到 853.45 万吨，工业危险废物产生量 35521 吨。另外，畜禽养殖污染物的产生量是工业固体废弃物的 2 倍多，成为农村最大的农业面源污染。城市生活以及工厂产生大量的垃圾，而这些垃圾大多被运到郊区或乡村掩埋或焚烧，残留的重金属和其他污染物，随雨水渗漏到地下水或进入农田污染土壤，毒害农作物，影响农产品的品质。

（5）工业废气污染对农业环境的影响。以山东省为例，随着城市和乡镇工业的发展，山东省废气排放量逐步增长，大气污染呈加重趋势。2002 年，全省废气中主要污染物二氧化硫排放总量 169.0 万吨，烟尘排放总量 61.9 万吨，工业粉尘排放量 60.3 万吨。2010 年山东省二氧化硫排放总量 188.1 万吨，仍高居全国第一位。2011 年，全省城市环境空气中主要污染物为可吸入颗粒物（PM10），占污染负荷的 42.9%；其次为二氧化硫和二氧化氮，分别占 39% 和 18.1%。全省可吸入颗粒物、二氧化硫、二氧化氮年均浓度分别为 0.135 毫克/立方米、0.074 毫克/立方米和 0.046 毫克/立方米。2011 年山东省主要污染物排放情况如下：化学需氧量排放量 198.24 万吨，其中工业和生活化学需氧量排放量 59.80 万吨；氨氮排放量 17.29 万吨，其中工业和生活氨氮排放量 9.66 万吨；二氧化硫排放量 182.73 万吨，氮氧化物排放量 179.03 万吨。2012 年，全省环境空气中主要污染指标为可吸入颗粒物（PM10）、二氧化硫和二氧化氮，分别占污染负荷的 37.6%、31.4% 和 31.0%，年均浓度分别为 0.129 毫克/立方米、0.066 毫克/立方米和 0.041 毫克/立方米。由于大气污染对农业环境的严重影响，急性污染事故时有发生。2002 年，全省发生环境污染与破坏事故 79 次，直接经济损失 167.3 万元，其中水污染事故 31 次，大气污染事故 46 次。全省农作物受害面积 82.4 公顷。2005 年，山东省环境污染经济损失达 539.32 亿元，其中大气污染损失 187.03 亿元，水污染损失 356.98 亿元，固废污染损失 95.31 亿元[①]。

（6）激素、化学添加剂、抗生素乱用，直接导致农产品本身的污染。不少农民大量使用催生剂和激素类物质，滥用化学添加剂、色素，

---

① 资料来源：历年《山东省环境状况公报》。

争取果菜早上市，使农产品质量下降，造成水果、蔬菜和肉类普遍口感和安全性较差，有的还含有对人体有害的成分。农民在养殖畜禽水产过程中，乱用抗生素、激素问题普遍，造成畜牧产品的污染。

（7）加工流通方面问题。农产品粗放采收，加工存在掺杂使假，标签不清晰，散装散卖，在流通过程中，由于加工不规范，一些包装材料不安全，不合理贮藏、保鲜，造成门氏菌、李斯特菌、黄曲霉毒素对农产品的污染等问题。山东省质监局 2004 年 2 月 23 日公布的从济南、东营、潍坊三地市抽取了 10 家生产企业的 10 批产品，抽样合格率为70%。

二、农产品质量安全预警发展现状

随着食品生产的复杂化和科技化的日益提升，食品供应的全球化趋势愈发明显，使得食品供应消费的安全性成为一个日益突出的问题。21世纪，食品供应面临的一个主要挑战就是提高食品的安全性，将危险降到最低。一个快速的食品安全预警系统对促进食品的质量安全具有有益的作用。然而，食品从生产到消费全过程漫长复杂，现有的一些预警系统各有其不同的目标和范围，信息覆盖面有限，综合利用非常困难。使预警系统覆盖到食品供应链的全过程，实现预警的系统性和连贯性，这是食品安全预警的一个难点。据联合国粮农组织对 120 个国家的统计，目前已经有 53 个国家或地区建立了具有一定分析预警功能的农产品信息体系。

据了解，发达国家已形成了从农产品信息的采集、加工处理到发布的健全、完善的体系。美国农业部在全国建立了庞大的市场信息网络，收集和发布官方的信息。内容包括国内及其他国家的农业生产、加工、流通、进出口、库存、需求、生产投入、价格以及贸易政策等方面的信息。日本政府也非常重视农产品信息服务，除了完善的国内农业信息体系外，农林水产省还有专门的机构负责国际农产品贸易与市场信息的收集、分析，并建立了覆盖全国的市场销售信息服务系统和农产品市场行情预测系统。

欧盟的食品和饲料快速预警系统能够及时公布食品安全突发事件，确保消费者和贸易组织获得适当的信息，同时保持与其他快速信息系统的连接，对中国预警体系建设有一定的启示。

1. 国外质量安全预警系统

国外对食品质量安全风险预警问题的研究重视较早，研究领域比较广泛，食品安全政策法规比较健全，监控体系与预警的研究也比较成熟，且很多都已付诸实施。

（1）食品和饲料快速预警系统（RASFF）。欧盟自 20 世纪 70 年代后期就开始在其成员国中建立快速警报系统，各成员国有责任在消费者的健康遭受严重风险时提供信息。在法律上，只有在确认问题产品可能投放到本国领土之外的市场情况下，成员国才有义务进行通报。然而，由于市场变得更为一体化，确定某一产品是否出境的难度也日益增加。

欧盟于 2002 年实施了欧盟快速警报系统，欧盟食品和饲料快速预警系统（Rapid Alert System for Food and Feed，RASFF）即为其中之一，它是一个连接各成员国食品与饲料安全主管机构、欧盟委员会以及欧洲食品安全管理局等的网络系统。所有参与其中的机构都建有各自的联系点，联系点彼此联系，形成沟通渠道顺畅的网络系统。这个系统的主要目标是保护消费者免受不安全食品和饲料危害。欧盟各成员国被认为是"在世界上享有最高的食品安全水平"。欧盟食品安全法规体系包括指导思想、宏观要求、具体规定等系列内容涵盖了"从农场到餐桌"整个食物生产消费链条。欧盟食品安全制度体系包括：食品安全标准制度、食品追溯管理制度、食品标签制度、食品召回制度。欧盟在测定农兽药残留、有害金属限量、有害微生物和真菌毒素限量、食品添加剂限量方面都有整套先进的技术和装备。RASFF 系统及时收集源自所有成员的相关信息，以便各监控机构就食品安全保障措施进行信息交流。RASFF 的法律依据是欧盟指令第 178/2002 号，此指令对欧盟的食品法规制定了一般性的原则和要求，建立了欧洲食品安全机构并规定了食品安全事务的管理程序。根据该指令第 50 条规定，RASFF 是一个涵盖欧盟 25 个成员，欧洲经济区的挪威、冰岛和列支登士敦，欧盟委员会及其健康和消费者保护总署、食品安全管理局（EFSA）、欧洲自由贸易联盟（EFTA）食品监督局在内的巨大网络。与过去相比，调整后的预警范围扩大，包括动物饲料和边境检查站网络，因为饲料的原料来源与加工等对食品安全具有潜在风险。这实际上是对欧洲过去一段时期频频暴发严重食品安全危机的回应。

RASFF 的建立为系统内成员国食品安全主管机构提供了交流的有效途径，促进彼此交换信息，并采取措施确保食品安全。任何一个成员国主管机构发现任何与食品以及饲料安全有关的信息后都会上报委员会，委员会将进行判断，必要时将此信息传达至 RASFF 网络下其他成员。在不违反其他欧盟规章的前提下，系统各成员国主要通过快速预警系统向委员会迅速通告如下信息：各国为保护人类健康而采取的限制某食品或饲料上市，或强行使其退出市场，或回收该食品或饲料，并需要紧急执行的措施。

RASFF 系统运转后，发出了大量预警通报和信息通报，数量逐年增加，2003 年为 4414 项，2004 年为 5562 项，2005 年则发出了 6897 项，比较有效地实现了对食品和饲料安全的监测预警。

RASFF 系统发布的不同公告类型的通告数量存在显著的差异。2008 年通告的总量较 2007 年略有减少，共发布了 3099 份原始通告，其中 1710 份市场通告，1389 份边境拒绝通告。2008 年对市场通告的风险评估采取了更为严格的分类，当风险评定为十分严重风险时，分类为警告类型。因此，市场通告中有 549 份被分为警告级，警告数量较 2007 年减少近一半，1161 份被作为信息通报，较 2007 年增长 50%。这些原始通告引起了 3975 份后续通告，平均一个原始通告产生 1.3 份后续通告。2009 年通告数量较 2008 年有近 12% 的涨幅，共有 3322 条原始通告发布，其中 1796 条是市场通告，1484 条是拒绝进口通告，42 条新闻通告。市场通告中有 578 条被划分为预警，1218 条为信息通告。这些原始通告引起了 4767 个后续通告，平均每个原始通告有 1.4 个后续通告。数据显示，原始通告增加了 5.8%，后续通告增加了 17.7%，总共增加了 13.4%。2010 年共有 3358 条原始通告发布，其中 592 条预警通报，1188 条信息通报，1578 条拒绝进口通告，这些原始通告引起了 5224 条后续通告，表示每个原始通告引起了 1.6 个后续通告。数据显示原始通告数量增加了 2.3%，后续通告量增加了 11.6%，总通告量增加 7.8%。通报总量创下历史新高，并且连续 3 年呈小幅增长态势。2004～2010 年欧盟 RASFF 系统发布通报的总量呈缓慢增长态势，其中后续通报有明显增长趋势，尤其是后续预警通报，连续 5 年均居首位。通报的各种类型变化如图所示①（见图 2 – 6）。

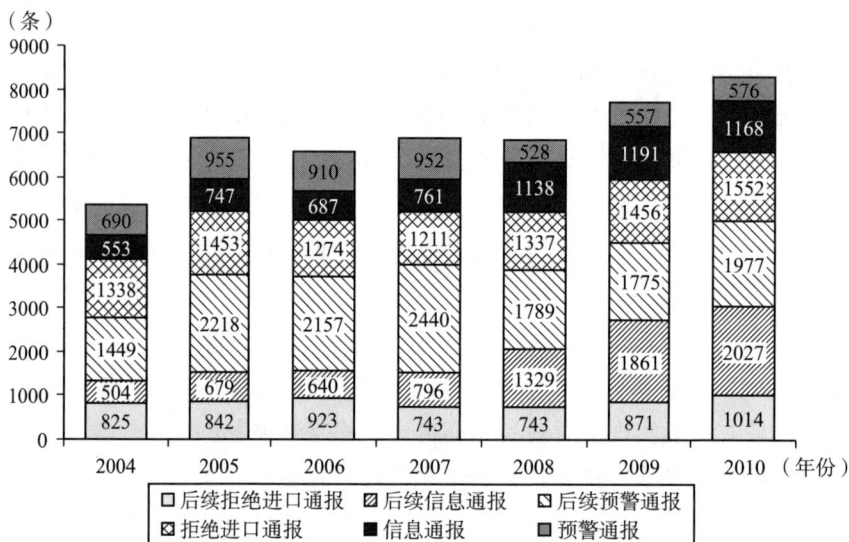

图 2 – 6　2004～2010 年欧盟 RASFF 通报情况

2012 年欧盟 RASFF 通报总数为 8797 批，比 2011 年减少了 3.9%。其中，3516 批是原始通报（40%），5281 批为后续通报（60%）。原始通报数量比 2011 年下降了 7.8%，后续通报下降了 1.2%。由于在市售产品中发现重大风险而发出的警示通报总共 526 批，比 2011 年减少了 14%。在 2012 年 RASFF 发出的 3516 批原始通报中，2885 批和食品相关，332 批涉及饲料（9.4%），299 批涉及食品接触材料（8.5%），这些数据和 2011 年的数据一致。其中，值得注意的是：从 RASFF 系统通报数量前十位的危害/产品类别中，中国产品占了其中 6 位。

---

　　① 唐晓纯、许建军等：《欧盟 RASFF 系统食品风险预警的数据分析研究》，载《食品科学》2012 年第 5 期，第 285～292 页。

欧盟 RASFF 系统除饲料外通报涉及的食品种类有 26 种，不同的食品发生通报差异较大。近几年统计表明，坚果及其制品和种子、果蔬、鱼是通报数量最多的前 3 类食品，共发生通报 4411 起，占 3 年通报总量的 57.71%。2008 年坚果及其制品和种子发生通报 770 起，占比最大，为 26.90%；果蔬通报 446 起，占比 15.58%；鱼通报 257 起，占比 8.98%。2009 年坚果及其制品和种子的通报数量略有下降，但依然是通报最多的食品种类，通报 623 起，占比 20.89%；鱼的通报明显增长位于第 2 位，共发生通报 453 起，占比 15.19%，较上年同比增长 76.27%；位于第 3 位的果蔬通报有 379 起，占比 12.71%。2010 年通报前 3 位的食品依然是坚果、果蔬和鱼，占比分别是 17.09%、15.82% 和 14.38%。

2013 年，RASFF 信息来源包括边境控制（border control）、官方控制（official control）、公司自检（company's own check）、消费者投诉（consumer complaint）、食物中毒（food poisoning）和媒体监测（monitoring of media）。其中，来自边境控制的有 1396 批，官方控制的有 780 批，公司自检出 306 批，消费者投诉有 111 批，市场控制有 41 批，媒体监测出 1 批。RASFF 通过上述信息来源共通报各国不符合欧盟要求的进境食品 2635 批，虽然通报批次比 2012 年的 2806 批减少了 6.1%，但并不能表明欧盟对食品安全的监管力度在降低，而是更加具有针对性和指向性。通报中，警报通报 526 批，信息通报 898 批，其中，关注信息（information for attention）共 586 批，后续信息（information for follow-up）共 312 批，边境拒绝通报 1211 批。2013 年 RASFF 通报的产品种类排在前 5 位的分别是：水果蔬菜类共 642 批（主要是农药残留问题），鱼及其制品类有 311 批（主要是重金属问题），果仁制品和种子类有 272 批（主要是生物毒素问题），非禽肉肉类有 250 批（主要是病原性微生物问题），禽肉及其制品类有 215 批（主要是病原性微生物问题）。通报中涉及的风险因素排在前 5 位的分别是：病原性微生物有 642 批（涉及的产品主要是非禽肉肉类），农药残留有 450 批（主要是水果蔬菜类），生物毒素有 368 批（主要是果仁制品和种子类），成分不合格的有 165 批（主要是特殊食品类），造假的有 158 批（主要是禽肉及其制品类）。

2014 年，RAFF 预警系统在欧盟范围内共通报了 3157 次食品或饲料风险，其中涉及严重健康风险的预警通报有 751 次，比 2013 年的 584 次增加 25%。上述初始通报又引发 5910 次后续通报，同比增加了 15%，创 RASFF 通报系统历史数据新高。

2015 年，欧盟食品及饲料类快速预警系统（RASFF）共发布产品通报 2966 项，其中，对华产品通报 392 项（不包括对中国台湾和中国香港的通报），占同期欧盟通报总数的 13.2%。2014 年，RASFF 共发布产品通报 3094 项，其中对华产品通报 420 项，占同期欧盟通报总数的 13.6%。与 2014 年相比，2015 年 RASFF 发布的产品通报总数下降了 4.1%，对华产品通报数量下降了 6.7%。2015 年，在欧盟 RASFF 系统对华产品发布的 392 项通报中，禁止入境产品通报 258 项，占比 65.8%；信息通报 84 项，占比 21.4%；警告通报 50 项，占比 12.8%。2015 年，从欧盟 RASFF 对华通报的产品类别来看，食品被通报的频率最高，共计 267 项，占比 63.6%；食品接触材料次之，共计 153 项，占比 36.4%。

2016 年，RASFF 系统共发布了 2924 项食品和饲料类产品通报，比 2015 年通报的 2966 项下降了 1.4%。其中，对中国通报 269 项，占比 9.2%，比 2015 年通报的 400 项（占比 13.5%）下降了 32.8%。RASFF 通报的中国产品包括食品、食品接触材料和饲料 3 大类，通报次数分别为 146 项（占比 54.3%）、103 项（占比 38.3%）和 20 项（占比 7.4%）。RASFF 对中国产品发布的通报类型中，禁止入境通报 153 项，占欧盟 RASFF 对中国产品通报总数的 56.9%；关注信息 46 项，占比 17.1%；跟踪信息 31 项，占比 11.5%；预警通报 39 项，占比 14.5%。

（2）世卫组织构建的预警系统。世界卫生组织（WHO）为了改善和提高世界各国在国际层面的食品安全间的合作，于 1996 年建立起"全球疫情警报和反应系统"，并启动了"全球疫情警报和反应网络"（Global Outbreak Alert and Response Network，GOARN），目的是搜集相关信息，为疾病暴发做好准备，共有 60 多个国家和 140 多个技术合作伙伴参与。全球疫情警报和反应网络的宗旨是：与国际性传染病暴发作斗争；确保适当的技术援助及时而迅速地到达受疾病困扰的地区；致力于建立长期的疾病流行预警网络。该网络是一个将现有的多个网络在必要时联系到一起的机制，可以共同运作许多数据、经验和技术，以便使国际社会保持对疾病暴发的警惕，并准备做好应对措施。

在现有的多个网络中，最强的一个是 WHO 和由加拿大公共卫生署负责开发和管理，通过监测全球的新闻通讯和网站等，收集和发布诸如疾病暴发、传染病、食品和水污染、生物恐怖主义、化学和放射源及自然灾害等方面的信息。其用户包括世界卫生组织、各国进行公共卫生监测的政府部门及与公共卫生事务相关的非政府部门。利用这一方式已经判断出很多重大的疾病暴发情况。

从 2000 年开始，WHO 组织和 GOARN 系统通过制定国际疫情警报和反应指导原则以及流行病学、实验室、临床管理、研究、通信、后勤支持、安全、疏散和联络系统标准化工作的实施规则，为国际流行病应对工作提供经商定的标准，同时对超过 50 起全球范围内的疫情做出了响应，派出 400 多人次的专家协助大约 40 个国家进行实地调查。

2002 年 WHO 还建立了"化学事件预警及反应系统"，2004 年成立国际食品安全网络，2006 年进一步拓展该系统涉及其他环境卫生领域。

（3）美国的农产品质量安全预警系统。美国的食品安全计划则是以风险分析为基础来保障食品质量安全，由于其食品安全系统的贯彻实施，使美国食品的安全性具有很高的公众信任度。

1997 年美国发布的"总统关于食品安全的倡议"认为：危险性评价是食品安全管理的重要手段。它要求所有的联邦机构负责食品安全的危险性管理，建立机构间危险性评价协会，协会通过鼓励预报模型和其他手段的开发研究，推进微生物危险性评价科学的发展。在对进口食品管理上，要求所有进口食品必须符合美国国内产品的标准，进口商必须提供进口申明和合同，经由 FDA（食品药品管理局）和美国海关共同审议后，决定是否允许进口，以及是否需要抽样检验和评估。美国食品安全管理机构还参加了 FoodNet 计划，来收集各个地区的食源性疾病的资料，报告给国家食品机构合作的健康部下属的州和地方卫生行政部门，决定食源性疾病的发生过程和性质；并发布公开的、恰当的警告并对与这些因素相关的产品尽可能地采取强制行动，从而提供了对突发事件的反应能力。

（4）澳大利亚的食品安全预警系统。澳大利亚新西兰食品管理局

（ANZFA）实施的也是一个以风险为基础的预防性管理模式，把一套科学的风险分析系统用于进口食品中的化学剧毒物和有害微生物。并不是对所有项目都进行检查，主要对标签进行审查和对安全项目进行目视检查。将进口食品分为风险食品、主动监督食品和随机监督食品。

2. 我国农产品质量安全预警发展现状

我国对农产品质量安全预警方面的研究起步较晚，目前主要是在农产品质量安全程度方面，通过宏观和微观两个层面，构建基于物理性、化学性及生物性的质量安全风险因素评价指标体系，对我国整体或某一地区农产品的质量安全程度进行评价，得出安全程度等级并进行预警。

随着数据挖掘和数据分析研究的不断深入，在农产品质量安全预警领域也得到很大发展。穆胡（Muhu）[1] 等利用自适应神经模糊推理方法预测谷物安全水平。郑（Zheng）[2] 利用前景理论构建粮食供需关系的预警模型。顾小林等[3]通过改进关联规则挖掘算法抽取报警关联规则，获得导致食品安全问题的因素并进行诊断和预警。迪勒布朗（DILeblanc）[4] 提出一种用于装配包装即食生菜和绿叶蔬菜全国贸易数据的数据库设计方法，用于供应链风险评估的数据支持。卢（Lu）[5] 利用向量自回归模型结合主成分分析法构建农产品预警模型，并构建预警系统。白茹[6]基于信号分析，从情报学角度对食品质量安全进行预测预警研

① Muhu Khairulzaman Abdul Kadi, et al. Grain Security Risk Level Prediction Using ANFIS [J]. 2011 *Third International Conference on Computational Intelligence*, Modelling & Simulation, 2011: 103 - 107.

② K. N Zheng, K. Yang. Research on China's Food Industry Security early warning Based on Prospect Theory [J]. 26*th Chinese control and Decision Conference* (*CCDC*), 2014: 2560 - 2565.

③ 顾小林、张大为、张可等：《基于关联规则挖掘的食品安全信息预警模型》，载《软科学》2011 年第 11 期，第 136 ~ 141 页。

④ DI Leblanc, etc. A national produce supply chain database for food safety risk analysis [J]. *Journal of Food Engineering*, 2015: 147: 24 - 38.

⑤ X. Y Lu. China's food security and early-warning system based on vector auto regression (VAR) model [J]. *Transactions of the Chinese Society of Agricultural Engineering*, 2013, 29 (11): 286 - 292.

⑥ 白茹：《基于信号分析的食品安全预警研究》，载《情报杂志》2014 年第 9 期，第 13 ~ 16, 32 页。

究。曹春丽[1]从供应链角度，在逻辑预警理论及风险分析理论基础上，采用层次分析法构建预警指标体系及预警模型。于（Yu）[2] 构建基于互联网信息的食品安全预警平台。肖婉凝[3]通过对食品监督管理过程中积累的数据进行统计和地理分析，构建吉林省食品安全风险监测预警系统。雷勋平[4]从供应链视角，以集对论和变权理论为基础，综合分析各关键影响因素特点，结合惩罚–激励机制，建立食品安全预警模型。李婷婷等[5]对国内外不同品种、不同地域以及运用不同手段的农产品数量安全预警的研究现状进行综述并提供建议。黄红星[6]针对农产品预警面临的主要问题，构建大数据环境下的农产品安全监测预警体系基本框架。邹小南[7]从产地安全性角度，采用改进的 AHP 加权平均综合指数法和时间序列预测法建立农产品预警模型；刘波等[8]设计一种实时检测设备读取农产品条码信息，通过比对进行预警；李祥洲等[9]提出舆情预警等级设定及判断标准，指出农产品质量安全网络舆情预警工作的基本环节及工作重点。

（1）我国农产品质量安全预警的理论研究现状。我国农产品质量安全预警的理论研究主要集中在以下三个方面：

①质量安全预警系统评价指标的确定及分析方法。黄晓娟[10]等全面

---

① 曹春丽：《基于供应链的肉食品安全预警研究》，湖南工业大学硕士学位论文，2014 年。

② H. Yu. An empirical study on food safety early-warning based on internet information ［J］. *Proceedings of the 5th International Asia Conference on Industrial Engineering and Management Innovation*，IEMI 2014，2014：199 – 202.

③ 肖婉凝：《吉林省食品安全风险监测预警系统构建研究》，吉林大学硕士学位论文，2014 年。

④ 雷勋平、邱广华、杜春晓等：《基于供应链和集对变权模型的食品安全评价与预警》，载《科技管理研究》2014 年第 18 期，第 41 ~ 47 页。

⑤ 李婷婷、梁丹辉：《农产品数量安全预警研究进展》，载《中国食物与营养》2016 年第 10 期，第 18 ~ 21 页。

⑥ 黄红星、李泽、郑业鲁：《农产品数量安全监测预警发展探析》，载《农业科技展望》2014 年第 3 期，第 50 ~ 53 页。

⑦ 邹小南、鲍宇峰、王高峰：《农产品产地安全预警方法研究》，载《安徽农业科学》2012 年第 23 期，第 11904 ~ 11907 页。

⑧ 刘波、郭平、丁德红等：《农业物联网产品质量安全实时监测电子秤设计》，载《物联网技术》2013 年第 7 期，第 31 ~ 34 页。

⑨ 李祥洲、廉亚丽、戚亚梅等：《农产品质量安全网络舆情预警机制探讨》，载《中国食物与营养》2013 年第 10 期，第 5 ~ 8 页。

⑩ 黄晓娟、刘北林：《食品安全风险预警指标体系设计研究》，载《哈尔滨商业大学学报（自然科学版）》2008 年第 5 期。

分析了影响食品安全状态的各种因素，并在此基础上建立了基础项目指标、食品合格状态指标、食品整体状态指标 3 大类指标。吕新业等选取粮食产量、人均粮食消费量、储备率、禽蛋产量、人均禽蛋消费量、禽蛋生产价格指数、水产品产量、人均水产品消费量、水产品价格指数、肉类产量、人均肉类消费量、肉类价格指数、农村人均收入和城镇人均收入等指标衡量了我国食物安全。杨艳涛[1][2]建立了加工农产品质量安全预警理想指标体系和实用指标体系。在预警分析方法的研究方面，目前最常用的有层次分析法、模糊数学、德尔菲（Delphi）法及时间序列4 种分析方法。安珺[3]对基于时间序列的预测方法、人工神经网络以及层次分析法等预警理论进行了深入研究，分别对三大预警方法的预警原理、建模步骤和应用领域进行了详细的分析，结合当前乳品质量安全的状况和实际需求，运用层次分析的思想，构建乳品质量安全预警指标体系。张东玲[4]在介绍评价指标体系的基本概念、建立的程序、指标筛选的方法和指标标准化的基础上，以农产品预警我国蔬菜种植基地中的应用为例，构建了农产品安全评价指标体系。

②质量安全预警系统的总体结构设计。唐晓纯[5]从我国的实际情况出发，结合系统工程预警的思想，提出建立适合我国国情的食品安全预警体系，提高我国预防和控制食品安全卫生的能力，以功能模块的方式，初步构建食品安全预警体系框架，将食品安全体系分成食品安全数据信息源系统、食品安全预警分析系统、反应和快速反应系统等几个模块。陈原[6]设计了包括两个子系统（低成本常规食品安全管理系统和高

---

① 杨艳涛：《加工农产品质量安全预警与实证研究》，中国农业科学研究院博士学位论文，2009 年。

② 杨艳涛：《中国农产品质量安全风险分析与预警对策》，载《世界农业》2009 年第4 期。

③ 安珺：《基于层次分析法的乳品质量安全预警系统研究》，东北农业大学硕士学位论文，2012 年。

④ 张东玲：《农产品质量安全综合评价理论与方法研究》，青岛大学博士学位论文，2009 年。

⑤ 唐晓纯：《多视角下的食品安全预警体系》，载《中国软科学》2008 年第 6 期，第150 ~ 160 页。

⑥ 陈原：《构建食品安全供应链协调管理系统研究》，载《中国安全科学学报》2010 年第 8 期，第 148 ~ 153 页。

成本食品安全突发事件控制预测系统）的供应链食品安全协调管理系统。何坪华，聂凤英等[①]对食品安全预警系统功能、结构及运行机制进行了研究，认为预警系统具有发布信息、沟通、预测、控制和避险等功能，为保证系统功能发挥，预警系统结构应包括信息采集系统、预警评价指标体系、预警分析与决策系统、报警系统和预警防范与处理系统等子系统。

③质量安全预警系统模型的构建。随着数据挖掘方法研究的不断深入，数据挖掘方法也逐渐应用于食品安全预警领域。雷勋平等[②]以食品原料供应环境质量、生产加工、流通加工、销售食品质量、食品安全管理与监测作为食品安全预警的关键因素，提出一种基于供应链和可拓决策的食品安全预警模型。章德宾等[③]以中国实际食品安全监测数据为样本，基于 BP 神经网络的食品安全预警方法建立了食品安全预警模型。张东玲等[④]主要针对农产品质量安全预警中涉及的语言信息和面板数据，基于因子分析法建立了有效多分类离散选择模型。孔繁涛[⑤]则通过分析畜产品中的限量类危害物和违禁类危害物，构建了单因素、单产品视角的预警微观模型和基于 SVM 的畜产品质量安全预警模型。安珺[⑥]运用层次分析的思想构建了乳品质量安全预警指标体系，进而确定乳品质量安全相关预警指标警限，完成了对乳品质量安全预警模型的设计。顾小林等[⑦]从数据挖掘视角以食品生产加工的检测数据为处理对象，采用改进的关联规则挖掘算法抽取报警关联规则，获得导致食品安全问题的

---

① 何坪华、聂凤英等：《食品安全预警系统功能——结构及运行机制研究》，载《商业时代》2007 年第 33 期，第 63 ~ 64 页。

② 雷勋平、邱广华、杜春晓等：《基于供应链和集对变权模型的食品安全评价与预警》，载《科技管理研究》2014 年第 18 期，第 41 ~ 47 页。

③ 章德宾、徐家鹏、许建军等：《基于监测数据和 BP 神经网络的食品安全预警模型》，载《农业工程学报》2010 年第 1 期，第 221 ~ 226 页。

④ 张东玲、高齐盛、杨泽慧：《农产品质量安全风险评估与预警模型：以山东蔬菜出口示范基地为例》，载《系统工程理论与实践》2010 年第 6 期，第 1125 ~ 1131 页。

⑤ 孔繁涛：《畜产品质量安全预警研究》，中国农业科学研究院博士学位论文，2008 年。

⑥ 安珺：《基于层次分析法的乳品质量安全预警系统研究》，东北农业大学硕士学位论文，2012 年。

⑦ 邹小南、鲍宇峰、王高峰：《农产品产地安全预警方法研究》，载《安徽农业科学》2012 年第 23 期，第 11904 ~ 11907 页。

因素并进行诊断和预警。潘春华等①研究食品安全信息预警系统的设计，提出信息风险的量化算法和软件的实现方法，郑培等②基于XML异构数据库建立食品安全综合评价指数模型和风险预警模型等。晁凤英等③分析了食品安全检测数据的特点，结合这些特点将数据挖掘技术中的关联规则挖掘引入食品安全检测数据的分析中来，并对食品安全检测数据库进行实际分析，发现了其中隐含的关联规则，对食品安全监管可提供决策支持，提高监管效率。徐燕伟④在关联规则挖掘研究的背景下，着重研究了增量式关联规则更新技术在食品安全检测数据集上的应用，以指导食品安全监管部门进行科学的日常监管。

（2）我国农产品质量安全预警系统的建设现状。与发达国家相比，我国农产品质量安全预警系统的建设起步较晚。由于我国对食品和农产品的质量安全采取分段监管的模式，因此，对于预警系统的建设也各成一派。

食品安全预警系统建设中建立专家咨询团队是关键，农业部、卫生部和质检总局等分别组建专家咨询队伍，2005年北京奥组委和北京市食品安全委员会联合组建了北京奥运食品安全专家委员会，浙江省也组建了重大食品安全事故应急专家库，这些专家组在食品安全预警方面都发挥了重要的决策支持作用。

卫生部2000年起参照全球环境监测规划/食品污染监测与评估计划（GEMS/FOOD），先后建立了"全国食品污染物监测网络"和"全国食源性致病菌监测网络"。截至2007年8月，监测点已经覆盖15个省区市8.3亿人口，重点对消费量较大的54种食品中常见的61种化学污染物进行监测；截至2011年年底，我国已设置化学污染物和食品中非法添加物以及食源性致病微生物监测点1196个，覆盖了100%的省份、

---

① 潘春华、朱同林、张明武等：《食品安全信息预警系统的研究与设计》，载《农业工程学报》2010年第S1期，第329~333页。

② 郑培、吴功才、王海明等：《食品安全综合评价指数与监测预警系统研究》，载《中国卫生检验杂志》2010年第7期，第1795~1796页。

③ 晁凤英、杜树新：《基于关联规则的食品安全数据挖掘方法》，载《食品与发酵工业》2007年第4期，第107~109页。

④ 徐燕伟：《增量关联规则算法及其在食品安全监管中的应用》，浙江大学信息科学与工程学院硕士学位论文，2008年。

73%的市和25%的县，416个医疗机构主动监测食源性异常病例或健康事件，形成疑似食源性异常病例/异常健康事件和食源性疾病两大报告系统。从2007年起，开始建设信息系统之间的网络平台，至今成功发布了蓖麻籽、霉甘蔗、河豚等食品安全预警信息，对消费者及时提高自我保护意识，采取预防措施起了一定的效果①。

国家质量监督检验检疫总局组织开发了"食品安全快速预警与快速反应系统"（RARSFS）。RARSFS系统实施数据动态采集机制，初步实现了国家和省级监督数据信息的资源共享。2007年底，覆盖全国349个地级市的"中国食品安全分析预警系统"正式开通，标志着我国食品安全4级预警体系基本建立。该系统主要包括食品安全信息基础数据库、食品安全分析预警信息报送系统、食品安全信息预警发布平台等。

农业部近年来为农产品质量安全预警系统的建设做了大量工作。2001年起，农业部建立了农产品质量安全例行监测制度，每年4次对全国大中城市的蔬菜、畜产品、水产品质量安全状况实行定期监督检测，根据监测结果定期发布农产品质量安全信息；并在多年累积的例行监测和普查数据资源的基础上，建立了"农产品质量安全风险监测信息平台"，为农产品质量安全风险因子排序和摸底排查提供了数据支撑。目前，该平台已通过试运行，实现了数据统计分析和可视化展示功能。为适应农产品质量安全的风险管理需求变化，充分发挥专家的科学研究、技术咨询和决策参谋等"智库"作用，农业部于2011年9月成立了农产品质量安全专家组，首批聘任66位农产品质量安全专家，按照农产品质量安全危害因子和产品类别设综合性问题、农药残留、兽药残留、重金属、生物毒素和病原微生物等16个专业组②。2012年7月，针对新出现的农产品质量安全问题，农业部又增聘了22名专家作为专家组成员③。

---

① 石慧芳、李莎等：《农产品质量安全预警系统研究思考》，载《广东科技》2012年第1期，第159~161页。
② 韩乐悟：《农业部成立农产品质量安全专家组首批66位专家获聘》，载《法制日报》2011年9月30日。
③ 农业部农产品质量安全监管局：《农业部关于增聘农业部农产品质量安全专家组专家的通知》，2012年7月26日，http://www.moa.gov.cn/govpublic/ncpzlaq/201208/t20120813_2823330.htm。

与发达国家相比，我国在食品安全预警工作方面起步较晚，在管理部门、职责分工、法律法规、技术标准、信息管理、资金投入、专业人员、公众认知等方面都存在诸多问题。目前，农业部、卫生部和质检总局分别建立了侧重点不同的食品安全监测和安全预警系统：卫生部参照全球环境监测规划食品污染监测与评估计划 GEMS/FOOD，开展了食品污染物和食源性疾病监测工作；质检总局建立了食品安全风险快速预警与快速反应系统；中国进出口检验检疫局建立了食品安全监测与预警系统；农业部也建立了农产品质量安全例行监测制度，对全国大中城市的蔬菜、畜产品、水产品质量安全状况实行从生产基地到市场环节的定期监督检测，并根据监测结果定期发布农产品质量安全信息；中国农科院农业信息研究所建立的粮食预警模型，作为农产品的预警，在应用过程中效果较为突出①。

2015 年 10 月开始实施重新修订的《食品安全法》，首次提出"食品安全工作实行预防为主、风险管理、全程控制、社会共治"的方针。在新食品安全法中，要建立最严的监管制度：①完善统一权威的食品安全监管机构：终结了"九龙治水"的食品安全分段监管模式，从法律上明确由食品药品监管部门统一监管。②建立最严格的全过程的监管制度：新法对食品生产、流通、餐饮服务和食用农产品销售等环节，食品添加剂、食品相关产品的监管以及网络食品交易等新兴业态等进行了细化和完善。③更加突出预防为主、风险防范：新法进一步完善了食品安全风险监测、风险评估制度，增设了责任约谈、风险分级管理等重点制度。④建立最严格的标准：新法明确了食品药品监管部门参与食品安全标准制定工作，加强了标准制定与标准执行的衔接。⑤加强对农药的管理：新法明确规定，鼓励使用高效低毒低残留的农药，特别强调剧毒、高毒农药不得用于瓜果、蔬菜、茶叶、中草药材等国家规定的农作物。⑥加强风险评估管理：新法明确规定通过食品安全风险监测或者接到举报发现食品、食品添加剂、食品相关产品可能存在安全隐患等情形，必须进行食品安全风险评估。从新食品安全法中可以看出国家充分肯定了进行农产品质量安全管理的重要性以及建立农产品质量安全预警系统的

---

① 晏绍庆、康俊生、秦玉青、李雪花：《国内外食品安全信息预报预警系统的建设现状》，载《现代食品科技》2007 年第 12 期，第 63～66 页。

必要性。

地方政府也相继开展农产品质量安全预警的实践，陕西、新疆、江苏和浙江的省会城市，也结合各自特点，开展了各具特色的基础性建设。

陕西省利用"金农"工程一期项目，建成了互联互通的国家和省两级农业数据中心、国家农业科技数据分中心、国家和省级粮食购销调存数据中心、国家农业综合门户网站和农业监测预警、农产品和生产资料市场监管、农村市场和科技信息服务三大类应用系统；构建了部省两级信息安全管理体系、技术体系、运维体系和农业电子政务标准规范体系；带动新建和完善了1500多个县级农业信息服务平台，建成了1.1万多个"六有"乡镇信息服务站和"五个一"标准的村级信息服务点，累计培训了农村信息员21万人次，使得陕西省各级农业部门信息化基础设施水平明显提升，政务信息资源建设和共享水平明显提高，部省之间、行业之间业务协同能力明显增强，有效提高了农业行政管理效率以及服务"三农"的能力和水平，取得了显著成效。一是统一电子政务标准规范体系建设为全国农业信息化标准先行奠定了基础；二是农业监测预警为防范农业风险和政府科学决策提供了有力支撑；三是农产品及生产资料市场监管提高了农业部门依法行政、市场监管工作质量和水平；四是农业科技市场信息为引导农业生产和促进农民增收提供了有力支持；五是应急指挥场所建设提升了农业部门应对自然灾害、处置突发事件的能力和效率。

新疆建设了农产品有害物质监测网络，揭示新疆农产品污染现状和趋势，建立农产品安全监测与预警网络。乌鲁木齐市建立了农产品质量安全预警信息平台。2004年以来，新疆乌鲁木齐市建立了市级农产品质量安全3级监管网络，2011年市级农产品质量安全检测中心以监管网络为平台，研制开发出"乌鲁木齐市农产品质量安全预警信息系统"，2012年年底，预警信息平台投入实际使用。该预警信息平台共连接了乌鲁木齐市的283个农产品质量安全监测点，每个监测点配有专门仪器和检测员，每天对畜禽、蔬菜、生鲜乳和水产品等进行抽样检测，并将检测数据统一汇总，上报至农产品质量安全预警信息平台。预警信息系统的输入信息为监测样本点的检测数据，系统进行分析后，将分析结果按质量安全状况进行等级分类，并输出相应的等级信号。质量合格,则属安全等级,在地图上标示出监测点的位置,同时亮绿灯。如果检测出超标农产品,绿色就会变成闪动的橙色和红色,发出预警信息。该预警信息平台建成后,不仅方便快捷,易于保存和统计,而且可以利用平台对各大农贸市场实施采购流程的电子标识管理,一旦检测发现问题,将有利于迅速追查风险的警源,及时化解和消除风险,防止问题进一步蔓延①。

南京市提升风险预警的技术含量。2003 年,南京市农业委员会研制开发出全市农产品质量安全预警系统,2004 年在系统中应用了现代信息技术和 GPS 技术,研制开发出农产品质量安全 IC 卡全程智能化监管新系统,为全国首创市场准入 IC 卡管理。该系统的监管对象初步选取全市 30 个重点蔬菜基地,在基地建立生产电子档案管理系统,安排专人收集每周主要农事操作记录、农业投入品使用情况、地头蔬菜农药残留检测数据等,将各项监测数据输入上传到市农产品质量安全 IC 卡管理中心,经 IC 卡管理汇总的输出信息再上报南京市农业厅。南京市农业厅根据信息提出解决方案和措施,开展相应的管理工作。由此,也形成了监测、分析、管理、再监测的良性循环,且每周一次的循环频率,也有效地预防了风险的演化和扩大。2006 年南京市还在国内率先建立并实行了农产品质量安全年检制度,开发出南京市农产品质量安全监督检测信息统计分析系统。该系统能够根据人为设定的农产品质量安全指标值(农产品监测合格率指标),实现预警预报的功能②。

三、小　结

本章主要对农产品质量安全管理现状进行梳理,由于我国是农业大国,对农产品的需求量、种植量都比较大,农产品质量安全保障对我国

---

① 乌鲁木齐市农牧局:《乌鲁木齐市农产品质量安全预警信息系统年内正式投入运行》,2012 年 5 月 18 日,http://www.xj-agri.gov.cn/Html/2012_05_18/2_10773_2012_05_18_21560.html。

② 中国江苏新闻:《南京农产品"隐私"注入 IC 卡》,2004 年 11 月 20 日,http://news.jschina.com.cn/gb/jschina/news/node7774/node7776/userobject1ai586470.html。

的影响也非常大，因此进行农产品质量安全预警非常重要，而要进行安全预警，需要在了解我国农产品质量安全现状的基础上再进行展开。

　　在这样的大背景下，本章首先介绍了我国农产品质量安全现状；然后对我国主要的农产品当前的质量安全状况进行了介绍，在这个基础上，总结了我国农产品质量安全存在的问题，提出了要进行农产品质量安全预警的必要性；最后介绍了国内外农产品质量安全预警发展及实施的现状，从我国发展农产品质量安全预警的现状也能看出在我国进行农产品质量安全预警系统的建设的紧迫性和必要性。

第三章

物联网的应用发展现状

一、物联网的概念

1. 物联网的发展

物联网（Internet of Things，IOT）是新一代信息技术的重要组成部分，也是"信息化"时代的重要发展阶段。顾名思义，物联网就是物物相连的互联网，被称为继计算机、互联网之后世界信息产业发展的第三次浪潮。物联网是互联网的应用拓展，应用创新是物联网发展的核心。

物联网最早可以追溯到 1990 年施乐公司的网络可乐贩售机，而物联网这一概念是比尔·盖茨 1995 年在《未来之路》一书中提到的。由于当时的科学技术还不足以为物联网的发展提供有效的支持，因此，这一概念当时并没有给人们留下太多的印象。直到 1998 年，美国著名的麻省理工学院提出了物联网这一创造性构想，才使人们开始对物联网这个概念有了一定的认识。

1999 年，移动计算机以及网络国际会议在美国举行，在此次会议上首次提出了"传感器技术将是二十一世纪人类生活面临的另外一个发展"的著名命题。同时，在我国，中科院也开展了"传感网络技术"的探索，一部分比较实用的传感器网络也相应地建立起来。而在美国，麻省理工学院（MIT）建立了"自动识别中心（Auto–ID）"，提出了"万物皆可通过网络互联"的概念，也是第一次阐明了物联网的基本含义，即把所有物品通过射频识别等信息传感设备与互联网连接起来，实现智能化识别和管理，从此将智能化识别与管理推入了现实生活。

2003 年，传感网络技术作为新名词首次被《技术评论》提议，并称这一技术核心将在以后的生活中，成为雄踞影响人们日常生活的十大技术首位。

2004 年，日本总务省（MIC）提出 u–Japan 计划，该战略力求实现人与人、物与物、人与物之间的连接，希望将日本建设成一个随时、随地、任何物体、任何人均可连接的泛在网络社会。同年，韩国政府制定了 u–Korea 战略，韩国信通部发布的《数字时代的人本主义：IT839战略》以具体呼应 u–Korea 战略。

2005 年 11 月 17 日，在突尼斯举行的信息社会世界峰会（WSIS）上，国际电信联盟（ITU）发布《ITU 互联网报告 2005：物联网》，引用了"物联网"的概念。报告指出，无所不在的"物联网"通信时代即将来临，世界上所有的物体从轮胎到牙刷、从房屋到纸巾都可以通过囚特网主动进行交换。物联网的定义和范围已经发生了变化，覆盖范围有了较大的拓展，不再只是指基于 RFID 技术的物联网，射频识别技术（RFID）、传感器技术、纳米技术、智能嵌入技术将得到更加广泛的应用。

2008 年 11 月，IBM 提出了"智慧地球"的概念，即"互联网＋物联网＝智慧地球"，并以此作为经济振兴战略。如果在基础建设的执行中，植入"智慧"的理念，不仅仅能够在短期内有力地刺激经济、促进就业，而且能够在短时间内打造一个成熟的智慧基础设施平台。

2009 年 6 月，欧盟委员会开始实施"物联网行动计划"，提出针对物联网行动方案，方案明确表示在技术层面将给予大量资金支持，在政府管理层面将提出与现有法规相适应的网络监管方案。日本在 2009 年 8 月实施了"i–Japan"计划，这两大计划都是基于信息技术来突破物联网的物理限制，最终目的是要打造出范围更广的物联网。

2009 年 8 月，温家宝总理在无锡研发分中心考察无线传感网工程中心时提出"有三件事情可以尽快去做：一是把传感系统和 3G 中的

TD 技术结合起来；二是在国家重大科技专项中，加快推进传感网发展；三是尽快建立中国的传感信息中心，或者叫感知中国中心"，这成为中国物联网启动的宣言。"感知中国"的讲话把我国物联网领域的研究和应用开发推向了高潮，无锡市率先建立了"感知中国"研究中心，在《国家中长期科学和技术发展规划纲要（2006 - 2020）》和"新一代宽带移动无线通信网"所列重大专项的重点研究领域中，物联网技术都被提及，这都表明我国已经十分重视和关注物联网技术的发展。

实际上，物联网已成为继计算机、互联网之后世界信息产业的第三次浪潮。国际电联更是因此预测未来的世界必将成为物联网的世界，物联网将触及人们生活的方方面面，地球上也将有 7 万亿个甚至更多的具有感知能力的传感器为多达 70 亿的人口提供服务①。

目前，经国家标准化管理委员会批准，全国信息技术标准化技术委员会组建了传感器网络标准工作组，物联网现已经被正式列为国家五大新兴战略性产业之一。

2. 物联网的概念

中国物联网校企联盟将物联网定义为：几乎所有技术与计算机、互联网技术的结合，实现物体与物体之间对所处的环境和不同时刻的状态信息的实时共享以及智能化的收集、传递、处理、执行。广义上说，涉及信息技术的应用，都可以纳入物联网的范畴，可以包括信息技术、传感器技术、通信技术、微机电技术和自动控制技术等，如图 3 - 1 所示。

国际电信联盟（ITU）发布的 ITU 互联网报告，对物联网做了如下定义：通过二维码识读设备、射频识别（RFID）装置、红外感应器、全球定位系统和激光扫描器等信息传感设备，按约定的协议，把任何物品与互联网相连接，进行信息交换和通信，以实现智能化识别、定位、跟踪、监控和管理的一种网络。简言之，物联网就是"物物相连的互联网"。这有两层意思：其一，物联网的核心和基础仍然是互联网，是在互联网基础上

---

① Zhu Yusheng, Huang Xiaoqing, Zhang Junyong, Luo Jie, He Jie. Fault Diagnosis for Power Equipment Based on IoT. International Workshop on Internet of Things（IOT 2012），Changsha，2012：298 - 304.

的延伸和扩展的网络；其二，其用户端延伸和扩展到了任何物品与物品之间，进行信息交换和通信，也就是物物相息。物联网通过智能感知、识别技术与普适计算等通信感知技术，广泛应用于网络的融合中。

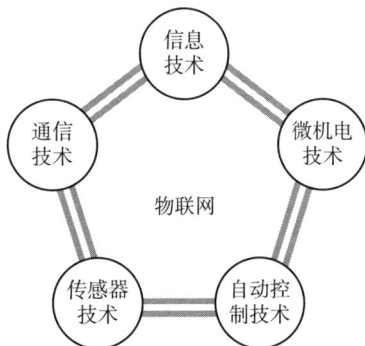

图 3 – 1 物联网概念

　　物联网（感知网络）就是把传感器/控制器嵌入到家居、电网、医疗、建筑、金融、路桥、供水、大坝、油气管道等各种各样的系统中，形成一个全面感知的泛在网络，并与现有的互联网和移动通信网整合在一起，以实现智能化识别、定位、跟踪、监控和管理，最终实现地球上任意人、物体、事件的全面"可知、可控、可管理"的网络。

　　物联网的最大意义在于它可以用智慧的方法、通过泛在感知技术来改变人与人、人与物的交互方式，提高交互的效率、准确性、灵活性和响应速度，从而达到更深入的智能化、更透彻的感知和更广泛的互联互通。

　　物联网与不同领域结合可以衍生出不同的应用，如智慧医疗、智慧国防、智慧城市、智慧交通、智慧农业、智慧银行、智慧家居等，如图3 – 2和图3 – 3所示。例如，智慧医疗是物联网在医疗领域的应用，通过建立健康档案区域医疗信息平台，利用物联网技术，实现患者与医疗机构、医务人员、医疗设备之间的互动，逐步达到医疗行业的信息化：通过无线网络，使用手持 PDA 就可以非常便捷地联通各种诊疗仪器，使医务人员可以随时掌握每个病人的病案信息和最新的诊疗报告，能够随时、随地快速制订诊疗方案；在医院的任何一个地方，医护人员都可以登录距自己最近的系统查询医学影像资料和医嘱；患者的转诊信息及

图 3 - 2 物联网应用

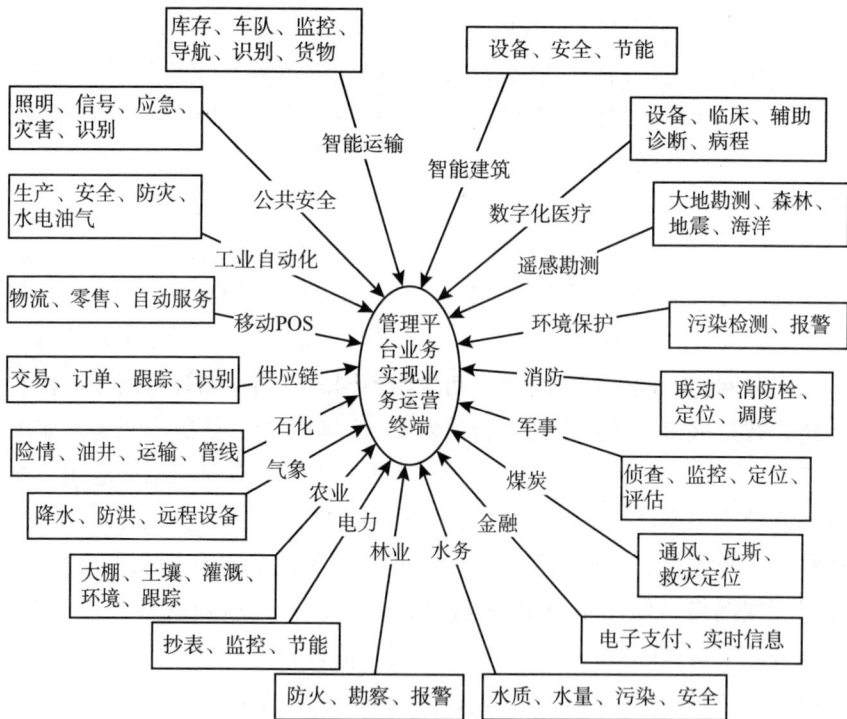

图 3 - 3 物联网在各领域中的应用

病历在患者授权的情况下可以在任意一家医院通过医疗联网的方式进行调阅，最大限度地方便患者，减少患者的医疗费用。

而"智慧农业"是充分应用现代信息技术的成果，集成计算机应用与网络技术、物联网技术、GPS 技术、LBS、音频技术、视频技术、3S 技术、无线通信技术及专家智慧与知识，实现农业可视化远程诊断、远程控制、灾变预警等智能化管理。智慧农业是农业生产的高级阶段，是集新兴的互联网、移动互联网、云计算和物联网技术为一体，依托部署在农业生产现场的各种传感节点（可以收集生产环境的温湿度、土壤水分、二氧化碳、图像等）和无线通信网络实现农业生产环境的智能感知、智能分析、智能预警、智能决策和专家在线指导，为农业生产进行精准化种植、可视化管理、智能化决策提供技术上的支持。"智慧农业"也是云计算、传感网、3S 等多种信息技术在农业中综合、全面的应用，可以实现更完备的信息化基础支撑、更透彻的农业信息感知、更集中的数据资源、更广泛的互联互通、更深入的智能控制以及更贴心的公众服务。"智慧农业"将物联网技术与现代生物技术、种植技术等高新技术融合于一体，对建设具有世界水平的农业具有非常重要的意义。

3. 物联网的特点

物联网具有如下特点[①]：

（1）紧密的安全性和可控性：物联网应该具有能够保护个人或群体的内部重要资料，并具有防止网络攻击的能力，才能够使物联网应用的更加广泛。

（2）各种感知技术的广泛应用，实现全面感知。物联网上分布了海量的各种类型的传感器，每一个传感器都能充当数据流消息的收集者（信息源），而各种传感器所采集的数据流信息容量和信息格式也各式各样。传感器可以按特别设定的频率周而往复地采集周围的环境信息，并能够一直更新数据，随时随地获取物体本身或其状态信息，因此其采集的数据具有实时性。

---

① 胡雯、孙云莲、杨成月、张翔：《基于物联网的智能电网信息化建设研究》，载《智能电网》2013 年第 13 期，第 51～54 页。

（3）不同应用领域的专用性：能够跟不同应用领域进行无缝结合，如绿色生活、家居建设、安防反恐、物流管理、智能工农业的物联网。

（4）物联网是一种建立在互联网上的泛在网络。实际上，物联网技术的基础和核心仍旧是互联网，在物联网上的传感器定时采集的信息需要通过网络传输，由于其数量极其庞大，形成了海量信息，在传输过程中，为了保障数据的正确性和及时性，必须适应各种异构网络和协议。

（5）高度的稳定性和可靠性：通过各种电信级网络与互联网的融合，将采集的信息实时准确传递出去。如仓储物流领域要求稳定性，医疗卫生领域要求可靠性等。

（6）具有智能处理分析的能力：物联网将传感器和智能处理相结合，利用云计算、模式识别等智能计算技术，对海量的数据和信息进行分析和处理，对物体实施智能化的控制，以适应不同用户的不同需求。

4. 物联网的技术架构

从技术架构来分析，物联网主要有四层：感知层、网络层、处理层与应用层[1]，如图3-4所示。感知层是基于各种类型的传感器以及传感器网关构造而成的，温度传感器、湿度传感器、电压传感器、电流传感器，以及用来测量导线覆冰和导线张力所使用的摄像头、RFID标签、GPRS等感知终端是其主要构成部分。这些众多的传感器与传感器网是用来识别物体，进行信息采集的重要来源，对物体进行辨别，采集所需要的有用信息是其重要的功能。

网络层是由各式各样的网络和云计算平台构成的，传送以及处理感知层采集的信息是网络层的主要功能。

处理层主要是根据网络层传递过来的数据进行信息处理，为各个实际应用提供服务支撑。

应用层是物联网与应用者相通信的接口，它的开展进度与该行业的发展速度紧密相连，物联网技术的智能运用是通过应用层实现的。

① 韩家炜、米歇琳坎贝尔、裴健著，范明、孟小峰译：《数据挖掘概念与技术》，机械工业出版社2007年版。

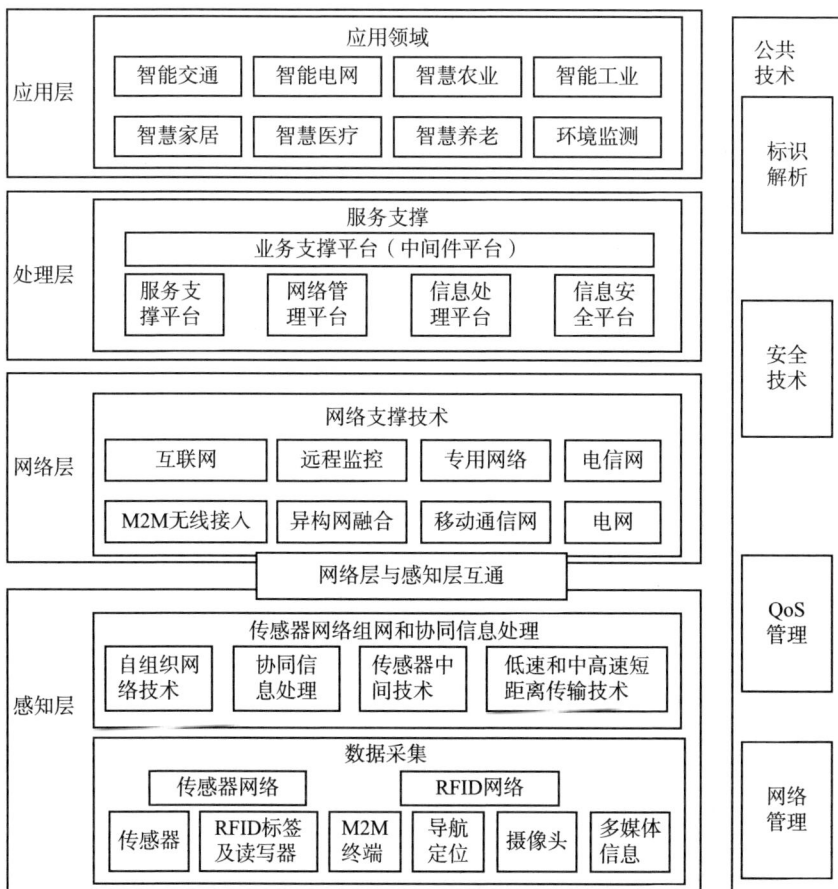

图 3 - 4　物联网的技术体系架构

5. 物联网在农业中的应用

我国是农业大国，农业更是关系到我国国计民生的基础产业，将物联网技术应用到农业生产与科技研究中是我国迈上信息化产业的重要标志。在传统农业中，人们常常根据自我的感知与日积月累的经验来确定何时施肥，何时需要浇水、施药，因而耗费了大量的人力、物力与时间，也对植物的生长环境造成了一定程度的影响。现在，随着物联网技术的发展和普及应用，将物联网技术应用到农业中去已经有了初步的进展，可以从微观和宏观两个方面进行认识。

从微观上来看，物联网在农业中的应用，应具有以下功能：

（1）实时监测功能。通过传感设备实时采集温室内的空气温度、空气湿度、土壤水分、土壤温度、二氧化碳、光照、棚外温度与风速等数据，数据可以通过移动通信网络传输给服务管理平台，服务管理平台再对数据进行分析处理。

通过对监控信息的实时采集与历史数据查看，可以容易地分析出作物生长对外界环境中的温度、湿度、光照和土壤的需求规律，并为相关研究提供精准的科研数据，为监管部门进行科学决策保护粮食安全提供有效数据，可以有效地克服传统农业中或多或少的弊病，提高农作物的生产品质。

（2）远程控制功能。对于资金比较充足、建设条件较好的大棚，可以通过安装电动卷帘、排风机、自动灌溉系统等机电设备，实现远程控制功能。农户可以通过手机或电脑登录系统，控制温室内的水阀、排风机、卷帘机的开关，实现自动灌溉、自动通风和隔离；也可预先设定好控制逻辑，使系统能够根据内外部情况的变化自动开启或关闭卷帘机、水阀、风机等大棚机电设备，实现智能控制。

（3）查询功能。农户使用手机或电脑登录系统后，可以实时查询温室内的各项环境参数、历史温湿度曲线、历史机电设备操作记录、历史照片等信息；登录系统后，还可以查询当地的农业政策、市场行情、专家通告、供求信息等，实现有针对性的综合信息服务。

（4）预警警告功能。预警警告功能需要预先设定适合条件的上下阈值，阈值的设定可根据农作物种类、生长周期和季节的变化规律进行修改。当某个指标数据超出阈值时，系统立即将警告信息发送给相应的农户，提醒农户能够及时采取措施。

从宏观上来看，物联网在农业中的应用，具有以下功能：

（1）产业链全程信息追踪与溯源体系。近年来，国内农产品质量安全问题层出不穷，引起了社会的极大关注，主要是因为农产品从生产到销售的各个环节缺乏有效的监管，消费者能够获得的农产品的质量安全信息较少，存在着严重的信息不对称现象，如果能够通过物联网信息技术收集农副产品从生产到流通整个流程的信息，加大对农产品供应链的监管力度，建立从生产—加工—运输—销售全过程的监控和追踪系统，则可以将农产品质量安全问题产生的概率降至最低，确保农产品的品质和安全。

目前，物联网在国内已经有了一些应用。例如，在成都和青岛等地区已经开展了猪肉安全工程，给农贸市场的猪肉安装电子芯片，用来跟踪猪肉的生产、加工、批发及零售等各个环节。具体地讲是将电子溯源秤配备给农贸市场的猪肉经营商家，消费者在购买猪肉时的收银条上附带有食品安全追溯码，凭借收银条上的追溯码就能查询生猪的来源、喂养状况、屠宰场情况、质量检疫情况等多方面的信息。再例如，在北京奥运会期间启用的食品安全追溯系统，通过 RFID 电子标签、GPS 等技术，将奥运场馆内所有就餐人员所消费的食品的原材料信息与身份信息进行关联，可以将任意一个消费者的菜谱追溯到农产品在农田的所有生产情况；另外，对供应企业从产品加工、物流配送、供货等过程进行持续监控，包括对奥运食品运输车辆实行 GPS 定位、实时温度监测，一旦温湿度超过规定范围，管理人员就会收到报警，为及时采取措施提供警示功能，食品安全追溯系统既为奥运会的食品供应提供了安全保障，更是奠定了物联网在中国农业上的广泛应用的基础。

（2）智能化温室种植和水产养殖。由于我国是农业大国，农田领域范围较广，而物联网技术具有空间分布广泛、节点成本低、环境适应性强的特点，非常适合在农业领域中进行推广应用，我国的传统农业正因物联网的发展和渗入而发生着翻天覆地的变化。

在温室种植方面，温室内部的二氧化碳浓度、土壤湿度、空气温湿度及光照等信息对生产起着至关重要的作用。在温室中可利用物联网技术，采用不同的传感器节点来测量土壤的湿度、成分、温度、pH 值以及光照强度、空气湿度、气压、二氧化碳浓度等，再通过数据处理，自动控制温度环境和灌溉、施肥作业，从而给植物生长提供最佳的生长环境。除了能够对温室环境进行监控，也可实现对信息的智能分析与处理，如果将传感器节点替换成无线传感器，这样就能接收无线传感器发出的数据，实现大面积数据的获取、管理和智能分析处理，并将处理的结果通过无线传递汇报给用户。

而在水产养殖方面，由于在闷湿天气里鱼塘水中的溶氧量减少，不能充足供应鱼的氧气需要，水中的 pH 值也可能发生很大的变化，水中的氨氮含有量也可能会有变化,这些因素都会在不同程度上影响鱼的正常生长。而如果在水产养殖中运用物联网技术就可以对水质、水体进行全天 24 小时的监测,包括对水温、pH 值和溶氧量等各项基本参数进行实时监测预警,一旦发现问题,就能够及时自动处理或通过短信迅速通知养殖户,由养殖户及时采取措施改进鱼的生长环境。采用物联网技术后同样也能解决投食的问题,何时投,投多少量都会由传感器监测或自动处理。此外,养殖户也可以通过互联网、手机终端随时随地查询鱼塘溶氧量、温度、水质等情况,从另一个角度来说也降低了养殖户的工作量,解除了养殖户常年塘边值守的痛苦。因此,物联网技术的应用,达到了改善养殖、种植的产品品质,提高经济效益的目的。

在智能化农业控制方面,通过安装生态信息无线控制系统,可以对整个生态环境进行实时的检测,及时掌握环境的各项指标参数,根据参数的变化进行实时的控制,这样既能提高产品质量,又有助于土地资源的可持续利用。

(3)农业信息的定时推送。农业信息的推送包括天气预报的推送、农户的养殖信息、种植户的耕种数据以及预测数据等可以通过某种方式,如短信平台向所有相关人员进行推送,并通知相关人员做好天气预警、疾病预警等情况,以提前采取应对措施降低损耗,为农民的播种、施肥和养殖户的养殖提供数据依据。

二、物联网关键技术

物联网不是单一的一项技术,而是多种技术的综合运用,包括传感器技术、射频识别技术、二维码技术、GPS(Global Positioning System)技术、无线传感器网络技术、GPRS(General Packet Radio Service)技术、3G(the 3rd Generation)网络、广电网络、NGB(Next Generation Broadcasting Network)技术、企业资源计划、专家系统、人工智能、云计算等。

1. Internet 技术

作为下一代互联网的 IOT,从本质上说还是个网络,因此,为了实

现与任何人和任何物体在任何时间、任何地点进行交互，Internet 是 IOT
重要的前提条件和根本基础。

2. 射频识别技术

射频识别（RFID）是一种无线通信技术，可以通过无线电讯号识
别特定目标并读写相关数据，而无须识别系统与特定目标之间建立机械
或者光学接触。

RFID 是一种非接触的自动识别技术，是物联网的信息采集层技术
之一，分为 Passive RFID、Active RFID 和半 Passive RFID 三种。所有的
RFID 系统都包含附着在设备上的电子标签、与电子标签交互的读写器
以及把读写器连接到中心数据库的后端系统这三个基本组件。一般来
说，一个 RFID 系统是由一个或多个阅读器以及多个 RFID 标签组成。
因为标签和阅读器是通过电磁传感方式进行交互，所以阅读器不需要直
接接触标签就能获得相应信息。

3. 传感网络技术

传感网络与 RFID 系统融合能更好地获得物体的位置、温度、移动
性等状态信息，所以传感网络技术也是 IOT 的核心技术之一。传感网络
由一定数量的传感节点组成，这些节点以无线多跳的方式进行交互，并
且在通常情况下这些节点只把感知结果报告给少数被称作 Sink 的专门
节点（在多数情况下仅有一个 Sink 节点）。传感网络由于其具有布局范
围广、成本低、密度高、布设灵活和采集实时的特点，已被广泛应用在
环境、医疗、交通、军事、工业、商业和航空等诸多领域。随着科学技
术的不断发展，其正在向微型化、智能化、信息化和网络化方向发展。

4. 短距离无线通信技术

IOT 是通过无线传输技术把存储在 RFID 标签里的信息自动传输到
中心信息系统内，所以无线传输技术是 IOT 的重要核心技术之一。物联

网用到的无线传输技术主要包括蓝牙、WIFI、UWB（ultra wideband）、Zigbee、IrDA（infrared data association，红外数据组织）等。

5. 嵌入式技术

物联网实际上就是一种基于 Internet 的嵌入式系统。正因为越来越多的智能终端产品有了联网的需求，才加速了 IOT 的产生。所以，IOT 是嵌入式系统发展的必然结果，如果没有嵌入式技术的支持就不会有 IOT 的扩展用途。

6. 大数据处理技术

物联网的核心价值在于运用大数据处理技术对感知层输入的海量数据进行智能管理和优化运营，以提供满足不同用户需求的产品和服务。而相比于其他数据，物联网中的数据具有多样性、异构性、非结构化以及高增长率的特点，所以大数据处理技术是物联网得以顺利实现的关键技术。

7. 云计算技术

云计算技术与物联网的关系十分密切。物联网需要对其感知的海量数据进行存储和快速运算，而云计算作为一种高效的运算模式能为其提供良好的应用基础，为物联网提供各种基于海量数据的服务进行技术支撑。

云计算的概念首先在 1983 年提出，于 2006 年由 Google 首先应用到实践中。云计算是以互联网为基础共享 IT 信息，通过网络统一管理和调度各种资源，提供可伸缩的、廉价的分布式计算能力，用户只需要在具备网络接入条件的地方，就可以随时随地获得所需的各种 IT 资源。云计算在农业领域的应用包括海量农作物信息存储、生物信息学数据分析和农业物联网解决方案 3 个方面，并且在敏捷性、成本和精度上都体现出巨大的优势。

三、农业物联网

1. 农业物联网的概念

目前，科学技术发展对农业生产形成了巨大的影响。针对农业物联网，相关专家也没有固定的概念及定义，利用传感器、RFID、视觉采集终端等感知设备对农业生产领域的信息进行全面感知和采集作业，是目前农业物联网的应用原理。农业物联网可以实现农业信息多渠道的可靠传输，同时获取大量信息进行融合处理，然后经过智能化操作实现农业生产中有效实际控制的优化，其中包括智能化管理和农产品流通的电子化交易，达到物流系统化、农产品质量安全的目标要求。农业物联网是利用现代信息的技术成果与农业的充分融合，使农业设施具有工程技术、信息技术、生态环境技术的现代化一体的农业生产方式，这种技术已逐渐形成农业生产的一个最新的发展趋势。

我国正处于向现代农业转型的关键时期，物联网浪潮的到来为现代农业的发展带来了机遇与挑战。农业物联网可以通过感知技术而获得所需的数据信息，并通过无线传输技术为农业提供更加丰富的实时信息，并通过智能处理技术和互联网技术实现对农业生产过程等的分析与控制。

从技术架构上来看，农业物联网的体系结构同物联网体系结构相似，农业物联网分为感知层、传输层、处理层与应用层（见图 3-5）。

在农业物联网中，感知层主要以无线感知网络为代表，主要作用是进行农业现场环境信息监测，为农业生产指导提供强有力的支撑。主要对象是指包括水体环境、土壤环境和大气环境等在内的各类基础农业数据信息，是实现智能化农业的基础。

传输层即网络层、传输通信层，在农业物联网中网络层环境多为异构环境，即能同时包含不同属性的网络。主要作用是将传感器采集的各类信息安全准确地传输至个人电脑、个人电脑和互联网，实现真正意义上的远距离大范围无线通信。

应用层	大地种植、设施园艺、水产养殖、畜禽养殖
处理层	预测报警、智能决策、诊断推理、视觉信息处理
传输层	无线传感器网络、移动通信、互联网
感知层	传感器、RFID、GPS、条码技术 气象信息、土壤状况、酸碱度、含氧量、 生物信息、投入品信息、农产品溯源

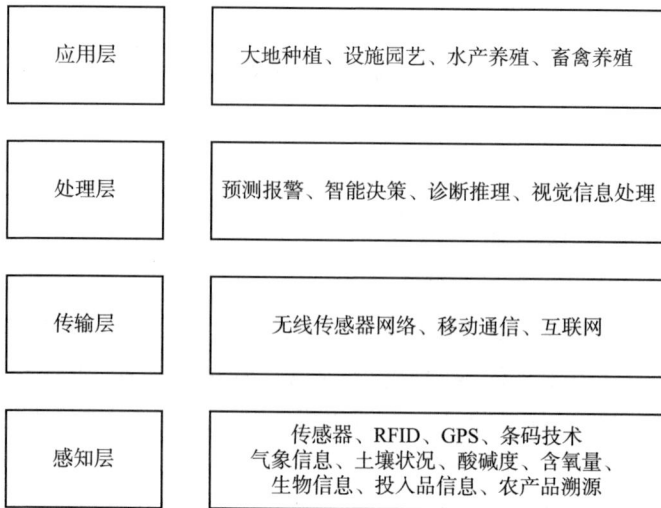

图 3 - 5　农业物联网体系结构

处理层是实现信息技术与行业的融合，完成信息的汇总、共享、预测和分析决策功能。

应用层就是信息应用系统，主要属于服务端用户直接实现的各种应用。几乎涉及农业生产的方方面面，根据用户的不同需求能够搭建不同的操作平台。主要作用就是将经网络层传输来的数据进行整理及应用，进而在农业生产中达到提高作物产量、节省生产成本的目标。

2. 农业物联网中数据的基本特征

农业物联网就是涉农物品的物物相连，那么农业物联网的特征跟农业领域数据特征也有很大关系。农业生产数据具有数量巨大、结构复杂、形式多样、实时变化和蕴含重要信息等明显的大数据特征，导致其在采集、传输、存储和管理及聚类决策方面给人们增添很大困难，主要体现在如下几个方面：

第一，农业生产过程产生的数据量巨大。

农业信息受环境和社会影响发展变化快速，现代化的农业要求部署种类繁多和数量巨大的传感器节点，如摄像头、GPS、温度传感器、湿度传感器、红外传感器等，随着时间推移，农业数据从 TB 级向 PB、

ZB 级别发展。

第二，农业生产数据类型多样。

农业空间专题数据，遥感传感数据，文本表格数据，视频、图片多媒体数据，以多源、异构为主要特征。

第三，农业生产过程数据价值密度低。

需要通过大数据技术进行分析才能得到价值。

第四，数据采集的时间和空间的相关性。

在农业物联网平台中，传感器结点都具有空间和时间属性，即每一个传感器结点采集环境数据时，都会记录其地理位置和采集时间。除此之外，物联网平台应用中对传感器节点采集数据的查询也并不仅仅局限于基于简单的关键字查询。通常情况下，往往需要添加更多的逻辑约束条件，去定位希望查询的采集结果。例如，查询某个地理区域在某个时段内的某一部分大棚内传感器节点采集的温度数据，并且对这些查询结果进行统计分析。

第五，处理速度快。

农业的大数据量必须通过分布式的存储计算，不再按照传统方式的存储和计算方式。农业生产数据具有数量巨大、结构复杂、形式多样、实时变化和蕴含重要信息等明显的大数据特征，导致其在采集、传输、存储和管理及聚类决策方面给人们增添很大困难。

四、小　　结

在构建农产品质量安全预警体系时，必须要依靠物联网技术提供的强大的支撑，贯穿从数据收集到数据传输、数据处理、数据应用的整个过程。本章从介绍物联网的基本概念入手，介绍了物联网的特点、技术架构及相关技术，着重介绍了物联网在农业中的应用——农业物联网的情况。

第四章

农产品质量安全预警模型构建

一、农产品质量安全影响因素分析

产生农产品质量安全问题的因素很多，且错综复杂，我们具体总结以下几种对农产品质量安全起重要作用的影响因素。

1. 生产地环境因素

本底性污染指农产品产地环境中的污染物对农产品质量安全产生的危害。它主要包括产地环境中水源、土壤和大气的污染，如灌溉水、土壤、大气中的重金属超标等。本底性污染治理难度最大，需要通过净化产地环境或调整种养品种等措施加以解决①。

一是地下水和地表水质的影响。地下水中氰化物、砷、铅、镉、铬、六价铬及 pH 的测定值是否符合《地下水质量标准》，氟化物、氯化物、挥发酚等有机污染物是否超标，都会对农产品的生长及农产品的质量安全产生深远的影响，不仅会使农产品的产量降低，造成农作物的营养障碍，而且还将直接影响农产品的质量安全。现在，我国有许多河流湖泊都遭到了不同程度的污染，致使农产品受化学污染的机会大大提

---

① 陈锡文：《试析新阶段的农业、农村和农民问题》，载《宏观经济研究》2001 年第 11 期，第 12~26 页。

高，直接影响农作物的生长生育，对农产品品质产生影响，降低其食用价值。而各种矿物油和动植物油进入农田后，可能会引起土壤障碍以及对植物的直接危害。若铁、锰、铜、铅、砷、汞以及燃煤中的氟等化学物质通过食物链进入人体，经过长期积蓄就会对人体健康造成慢性危害。

二是农田土壤的影响。土壤本身的危害元素有砷、镉、铬、铜、汞、铅、镍、锌8种重金属元素，主要是前4种元素。另外，外来污染物（如农药污染、化肥污染、有机肥及废弃物污染等）进入农田更加重了土壤的污染程度。而土壤污染问题具有隐蔽性和滞后性等特点，一旦受到污染，严重破坏生态环境，导致土壤生产能力、调节、自净和载体功能受到严重损害，短时间内很难得到治理恢复。所以，在农业环境保护和管理中，要准确、及时、全面了解和掌握基本农田保护区土壤环境质量状况和发展趋势，揭示污染物在土壤中的残留、积累情况的动态数据，为科学决策提供服务支持，保障农产品质量安全。

三是农田大气的影响。大气本底指不受局地条件和人为活动的直接影响，并且经过充分混合的大气组成特征，一般指较大范围内大气成分的物理特性和化学特性的平均状况及其长期演变。在大气影响中主要是以煤烟型大气污染最为严重。污染物主要是以二氧化硫、烟尘和粉尘为主，其次还有氮氧化物、一氧化碳、硫化氢、氟等。大气污染对农产品的危害一般可表现为三种情况：（1）在高浓度污染物的短期影响下产生急性危害，使植物叶表面产生伤斑，甚至可能直接使植物的叶片枯萎、脱落；（2）在低浓度污染物长期影响下产生慢性危害，可能会使植物叶片绿色褪掉，影响其光合作用；（3）在低浓度污染物影响下产生不可见伤害，即植物外表不出现受害症状，但生理机能却已经受到了严重影响，造成产量下降，品质变坏。大气污染除对植物外形和生长发育产生上述的直接影响外，还直接影响了农作物生长发育期的光合作用，减弱植物的生长态势，形成弱苗，降低对病虫害的抵抗能力，使植物病虫害危害加重，从而间接引起危害，导致农产品的数量和质量都有所下降。

2. 农业投入品因素

第一，是农药产生的影响。中国农药施用量比发达国家高出1倍以上，水稻过量施用农药达40%，棉花过量施用达50%，蔬菜和瓜果类作物较粮食作物高1~2倍，而农药的利用率却只有10%~20%，残余部分直接进入土壤，对土壤造成污染，尤其是毒性大、难降解、高残留类农药，严重破坏生态环境，对农产品质量安全造成直接影响。而且，施用农药比较主要的问题有：有可能杀死益虫和一些有益的动物；可能会使害虫对某些农药产生抗药性；对农产品造成药害残留；更重要的是有可能会使鲜果、时蔬菜类农产品中农药残留量严重超标，对环境、人畜间接造成污染毒害。农药、化肥使用是关系农产品质量安全的关键环节。近年来我国农药使用量不断上升，且相当一部分是高毒、高残留农药。据判断，我国每年使用的农药达170万吨，其中大约30%都含有有机磷，它对于毒性的残留、消费者的健康有很大影响①。

第二，化肥污染是指长期过量施用化肥或施用不当造成明显的环境污染或潜在性污染。化肥的使用已经有100多年的历史，对农业起着重要的作用，随着农业的发展，全球化肥施用量将不断增加，但化肥施用量过多和不科学合理的施用，增加了土壤有毒元素含量，特别是一些重金属和有机污染物的增加，导致化肥利用率降低和环境污染，使农产品中蔬菜累积硝酸盐含量增高，品质下降，而且使得土壤的生产力减退，土质急剧下降。

第三，农用塑膜的影响。农膜是高分子有机物，在土壤中主要参与成分是聚烯烃类化合物，不易降解，降解周期达数百年。由于农膜在农业生产中大量使用，对水体和土壤都造成了不可逆转的影响，严重影响了土壤的通透性，破坏了土壤结构，使微生物活性受到影响，阻碍了农作物根系对水肥吸收和生长发育，严重影响植物的正常生长。尤其是塑料中增塑剂——邻苯二甲酸烷基脂类化合物，在环境中持久性残留，使作物吸收和富集，导致农产品污染，并通过食物链浓缩，对人体构成潜在性危害。

第四，激素产生的影响。为追求农产品生产的数量，菜农可能会过量过频地使用激素，以达到催长催熟的目的，但是这样会使蔬菜中水分含量增高，有效营养成分降低，不耐储运，品质变差，甚至影响城乡居

① 陈永红：《食物安全管理理论与政策研究》，中国农业科学技术出版社2007年版。

民的身体健康。动物性农产品的抗生素、激素残留问题也是影响农产品质量安全的主要因素之一。抗生素残留可引起病原菌对多种抗生素产生抗药；高激素残留，特别是性激素的残留，对青少年的生长发育极为不利；瘦肉精将会使人的心率加快，导致代谢紊乱、内分泌失调等不良后果。食品加工中滥用添加剂也是滥用激素的例子。据统计，目前我国共有食品添加剂1500多种，含添加剂的食品达1万种以上。由于添加剂的安全性不是100%，若使用不当，就会危及健康。2004年，国家对一些食品的抽查平均合格率为：葡萄酒的平均抽查合格率为63.2%，果冻的平均抽查合格率为78.1%，熏煮火腿的平均抽查合格率为60%，挂面的平均抽查合格率为86.1%，茶饮料的平均抽查合格率为86.5%，水果罐头的平均抽查合格率为71.8%[①]。不合格的主要原因是卫生指标和食品添加剂不合格，如果冻中超量使用甜味剂、防腐剂，熏煮火腿中不按标准添加防腐剂、着色剂，挂面中过氧化苯甲酰（增白剂）超标，茶饮料中违规使用合成色素等。

3. 农产品生产加工模式因素

　　当前，山东省正处在由传统农业向现代农业发展的阶段，农产品生产方式已经发生了很大变化，部分产品正在从小规模经营向适度规模化经营发展。但因为山东省农村人口多、人均耕地少，总体上来说，农产品生产还是以小规模分散生产、独立经营为主，无论是购进生产资料还是销售农产品，都是一家一户单独面向市场，农户不仅生产规模小，而且种植养殖的产品种类繁多、品种复杂而乱，一个农户几亩地的规模可能既种粮食又种蔬菜，在一个县甚至一个乡镇的区域范围内，一种作物可能同时种植多个不同的品种，在一个季节同时种植数十种不同的蔬菜，生产的专业化程度很低，生产操作管理很难做到规范统一，标准化生产水平相对较低，且产品的质量安全水平也不容易得到有效的控制。这种分散的生产和经营模式不仅不利于控制投入品的质量，也不容易统一产品质量。

---

　　① 晏绍庆、康俊生、秦玉青、李雪花：《国内外食品安全信息预报预警系统的建设现状》，载《现代食品科技》2007年第12期，第63~66页。

另外，我国传统食品供应链模式为农户→产地批发市场→销地批发市场→加工商→零售商→消费者，农产品从生产者到消费者要经过多个中间环节，作为生产者的农民，缺乏及时准确的市场需求信息，导致"菜贱伤农"的现象时常发生。在政府监管不利的情况下，把分散的农户组织整合到供应链是保证农产品质量安全的关键。

近年来，人们在食品供应链整合方面做了很多的尝试。目前主要的模式有：龙头企业带动型供应链、"农户＋公司＋协会＋零售商"供应链、以专业合作组织为核心的供应链（如农民专业合作组织）、以农产品批发市场为核心的供应链，以及政府积极倡导的"农超对接"供应链模式。在不同模式下，农产品质量安全的可控程度是不一样的。但是这些模式各有特点，下面我们以龙头企业带动型供应链模式为例进行分析。

龙头企业充分利用自身具有的农产品资源，集中人、财、物，把企业不断做大做强，形成强有力的辐射带动能力，向上游带动基地与农户，向下游长期形成的稳定销售客户（批发商、零售商）延伸，形成一个完整的食品供应链。龙头企业与下游批发商或零售行业可以在战略上通过各种方式建立起长期而稳定的合作关系和一体化经营。企业与上游农户后向一体化的建立，一方面，可以通过订单的方式与农户签订长期合同，形成长期合作关系；另一方面，企业可以建立自己的生产基地，自然形成后向一体化。通过土地有偿租赁的形式把农民的耕地经营权租赁给公司，这样基地相当于一个车间，农民相当于这个车间的工人。所以，通过农产品加工龙头企业可以有效地带动农产品的标准化生产。

但目前农业龙头企业发育滞后，绝大部分农户生产的农产品都以原始初级产品的形式进入市场，既没有加工、分级包装，也没有品牌商标，产地、品种、品质等特点无法体现，质量没有要求，生产者千家万户，经营者千军万马，产销之间还没有形成固定的供求合作关系，产销脱节，质量得不到保证，责任无法追溯，对农产品的消费已经出现不同的质量层次追求，但差别化经营没有应运而生。

农作物的种子、栽培季节、种植设施、施肥、浇水、病虫害防治等农艺管理技术和产品采集后商品化处理，如加工、包装、预冷、运输、贮藏等环节都对农产品质量安全有直接影响。但是，目前在操作过程中，一些环节仍然还没有严格执行农产品质量标准和技术规范。

另外，有些农产品在加工、包装、存储、运输过程中，由于设备、工艺操作等方面存在问题而导致的"二次污染"较为严重。转基因农产品的安全问题学术界至今仍然还存在重大分歧。生物性污染指自然界中各类生物性因子对农产品质量安全产生的危害，如致病性细菌、病毒以及毒素污染等。近年亚洲地区流行的禽流感就是病毒引起的。生物性危害具有较大的不确定性，控制难度大，有些可以通过预防控制，而大多数则需要通过采取综合治理措施。

4. 生产者的行为因素

农户进行农产品生产，不仅是满足于自身的消费需求，而且更重要的是能够得到经济利益，所以农户必然以追求收入的最大化来从事农业生产并作出相应的决策。由于农产品是一种"经验品"，只有在消费之后才能知道农产品是否具有安全性，而不能从其外表看出，消费者在购买农产品时，只能凭借经验来做出自己的判断和选择。在农产品的生产供应者与消费者之间广泛存在信息的不对称，因而农产品市场是一个典型的"柠檬市场"。由于政府监管体系的不健全以及农户进行农业生产缺乏自律性，农民进行农产品生产时就会产生逆向选择行为，在农民与政府之间形成一个有关农产品质量安全问题的博弈：由于政府监管的收益很难衡量，政府就会考虑监管成本，如果监管成本过高，政府就可能降低监管的力度；而对于农户，只要其生产的预期收益大于预期成本（主要是政府的惩罚成本），农户进行农产品生产时就会产生逆向选择行为。所以目前就有一些农户受经济利益的驱使，为了增加产量或其他目的，滥用化肥、农药和兽药，甚至使用激素、禁用兽药以及禁用添加剂等，致使这些物质在食品中含量超标，对人们的身体健康形成了潜在的危害，最为典型的例子是农户种"两垄菜"、养"两圈猪"以及所出现的"瘦肉精"事件等。农业生产者的行为可以区分为有意识的行为与无意识的行为。有意识的逆向选择行为需要依靠法律法规的约束控制，无意识的逆向选择行为是由于农户缺乏科学知识，对农业标准认识不足造成的，需要长期予以培训与教育。另外，农产品预警体系的不完备，也给农户的逆向选择行为提供了温床，降低了农户逆向选择行为的成本，增加了农户选择逆向行为的可能性。因此，通过各种途径规范农户的生产行为，建立清洁安全的农产品生产供应链是目前确保农产品质量安全的最佳途径①，其中加强农产品质量安全预警系统的建设，建立起完善的农产品质量安全预警体系是保障农产品质量安全的最好方法。

5. 监管因素

公共物品是指那些在消费上具有非竞争性或在使用上具有非排他性（或同时具备非竞争性和非排他性）的物品。农产品质量安全具有效用的不可分割性、消费的非竞争性和收益的非排他性，因此农产品质量安全具有公共物品性质。对于公共物品，相比于提供产品的服务所花费的成本，其中涉及的任何人能够得到的利益都是相当小的，这就导致了市场中的私权主体不愿意提供公共物品。因此，农产品质量安全问题中的公共物品问题很难通过市场机制进行解决，只能通过政府监管进行。

在农产品市场交易活动中，交易双方对面临选择的相关经济变量所拥有的信息量并不完全相同，信息不对称对农产品的生产和消费都可能造成危害。在农产品整个生产和流通过程经历的市场主体中，生产者和经营者容易利用自己的信息优势做出提供假冒伪劣农产品的机会主义选择。当消费者未能发现同类产品有质量差异时，将倾向于选择价格低廉者，从而影响提供高质量农产品市场主体的经济利益，进而被迫降低农产品质量。没有恰当的市场监管机制，农产品质量将很难保证。

外部性是指市场主体不需要承担其行为的一切后果。加强农产品质量安全监管，提高农产品质量安全水平，不仅可以让购买农产品的消费者获得直接收益，而且会给全社会带来没有在价格中得以反应的额外收益。

另外，监控约束是保证农产品质量的有效手段，国家对污染环境、危害健康和安全的工业品、消费品等都实行了许可证制度或认证制度。尽管农产品的质量安全对人体健康有直接影响，但其生产的特点、条

---

① 张耀钢、李功奎：《农户生产行为对农产品质量安全的影响分析》，载《生产力研究》2004 年第 6 期，第 34～36 页。

件、环境以及生产水平决定了对农产品生产不可能实施登记许可等管理制度，对农产品进入市场流通暂时也不具备实施强制性认证和准入的条件。虽然一些地方在农产品市场质量安全准入方面做了一些探索，但还没有取得预期的效果，对农产品质量安全状况的监控仍然缺乏有效的强制性约束手段。

农产品质量的监督有政府监督、社会监督和生产者自我监督，但由于农产品质量安全相关法律法规的缺乏，我国对农产品质量安全的政府监督抽查制度至今尚没有确立，农业部门在部分城市实施了蔬菜农药残留，生猪"瘦肉精"污染等农产品质量安全例行监测，但仅限于检测，没有执法监督，对质量安全控制没有约束。为了对农产品质量安全控制增加一定的约束，并有法可依，我国已经建立了三大农产品认证体系：无公害农产品认证、绿色食品认证、有机食品认证三大认证体系，但社会的认可度不高，社会监督还没有形成。分散生产的农民是自然法人，不是企业法人，不能承担质量安全责任，也不具备自我监督检验能力。

由于缺乏大量的数据、信息和资料，山东省的农产品质量安全预警系统和可追溯性制度还未建立。农产品质量安全的监督管理总是滞后于质量安全事件的发生，而不能做到防患于未然。缺乏科学的农产品质量安全监测预警系统，缺乏经验丰富的质量安全预警人才，导致山东省对农产品质量安全突发事件的应急能力薄弱。

发达国家对农产品质量安全管理基本上是以农业行政主管部门为主，实施从"农田到餐桌"的全过程管理[①]。山东省的农产品生产经营管理仍然沿袭计划经济时代的管理体制，保存着较浓厚的计划经济色彩，除了农业生产过程以外，产前产后的链条被割断，整个系统涉及许多部门。在产地环境方面涉及环保、农业、质检部门，在生产过程方面主要是农业部，在投入品方面涉及发改委、工商、农业、质检部门，在加工质量方面涉及轻工、卫生、质检、农业，在质量安全标准方面涉及农业、质检、标准委、卫生、轻工，在市场流通方面涉及商务、工商、农业、卫生、质检、食药，在检验检测方面涉及农业、卫生、质检、商务、工商，在认证认可方面涉及认监委、农业、质检。在各监管部门的

---

① 钱永忠、王敏、吴建坤：《试论我国农产品质量安全水平提高的制约因素及对策》，载《农业质量标准》2004 年第 5 期。

职责分工上，是以一个监管环节由一个部门监管，采取"分段监管为主、品种监管为辅"的方式。农业部门负责初级农产品生产环节的监管，质检部门负责食品生产加工环节的监管，工商部门负责食品市场环节的监管，卫生部门负责餐饮业和食堂等消费环节的监管，食品药品监管部门负责对食品的综合监督、组织协调和依法组织查处重大事故。这种情形下，农、工、商分离，产、加、销脱节，农产品质量安全管理权限分属不同部门，各部门各自为政，没有形成从"农田到餐桌"，从环境、投入品到产品全过程一条龙、产供销一体化的管理格局。多头管理的结果是，一方面管理重复错位，管理职责不清；另一方面又造成管理的缺位，监督管理的职能部门不明确，责任主体难落实，管理效率低下、管理成本比较高。

6. 标准体系因素

（1）农产品质量安全标准体系很不完备。一是标准不配套。例如，农药残留安全限量方面的标准严重缺失，同一种产品的质量标准、生产技术规范和产地环境标准往往不配套，这使得组织农产品生产加工以及推广实施监督缺乏有效的技术依据，标准的科学性和可操作性还有待提高。二是标准的针对性差。"大一统"的国家标准或行业标准针对性不强，造成只重视产品标准，缺乏全面的质量过程控制标准的现象。HACCP（危害分析与关键点控制）是国际认可的控制食品质量安全行之有效的控制体系，但目前在我国尚未建立适合国情的HACCP体系，HACCP的推广与应用仅局限于部分农产品加工企业。三是与国际标准差距较大。不容易被国际市场接受，国外一般用技术法规来规范生产，我国一律用标准，不同的贸易国有不同的质量要求，我们用一种标准来规范农产品质量难以与贸易国对接，常发生国外提出某项安全限制标准及技术壁垒后，我们才开始被动地着手建立相关标准的局面。四是标准分类混乱。内容交叉重叠，甚至会相互矛盾，缺乏一定的权威性。五是标准落后于技术的发展。修订工作远远滞后，导致不少农业标准的可操作性差。

（2）农产品质量安全检验检测体系很不健全。一是手段落后，一些农产品的农药残留、兽药残留、激素残留、放射性污染、再生有毒物质，以及种子、化肥等农用生产资料质量的检测，尚缺乏较先进的仪器设备和技术，检测能力不能适应新的检测项目和参数的要求，有的甚至还停留在感官评判的阶段。特别是一些与居民生活密切相关的农产品质量安全指标，多数机构尚不能检测。二是机构缺乏。虽然农业系统已建成部级农产品质量检验检测机构 160 多个，但与面广量大的生产和市场监督检验要求相比仍有较大差距，山东省农产品质量检验检测机构也是刚开始建设，面向生产基地和市场的基层质检机构严重缺乏。三是山东省主要是政府机构的强制性检验检测，而农产品行业者自身的检验监测意识不够，行业组织还未得到充分发育，检测力量还比较薄弱。

（3）农产品质量安全认证体系还处于初级阶段。一是认证的产品数量少；二是高级认证和体系认证都还没有真正起步，在发达国家除了对最终产品进行质量安全认证外，还普遍在生产企业中推行 HACCP 认证，但是山东省这些方面的工作还没有得到开展；三是认证工作与国际不接轨，我国已经开展的农产品质量安全认证至今没有得到国际组织和其他国家的认可，根本不能在贸易过程中发挥质量证明的作用。

7. 技术因素

优质安全生产技术缺乏、转化不力。目前我国农产品质量安全相应技术数量少、水平低、应用慢，严重影响到农业质量的发展。一是农产品质量安全科学研究开发滞后。长期以数量为目标的农业形成了以高产为主要目标的研究开发体系，农业科技攻关的重点也开始逐渐转向农产品质量安全，虽然相应的研究成果还没有大量出现，但随着技术和研究的不断深入，农产品质量安全也会得到很大的进步。二是农业技术推广转化不力。农技推广体系正在改革，基层乡镇农技推广机构撤并，人员编制压缩精简，事业经费严重不足，优质安全技术的试验示范、推广等活动难以组织开展，新知识、新品种、新技术、新产品的扩散渠道不通畅。三是接受应用缓慢。农业效益的相对低下，使小规模生产的农民舍不得花钱购买价格高、见效慢的生物型农药、肥料等投入品，同时，由于社会经济的发展，在农村真正从事养殖生产的农民，主要是老弱妇幼，这一群体文化素质比较低，接受新知识、新技术的意识比较差能力比较弱，施肥、用药、喂料等生产管理习惯于用传统的做法进行，质量提高和质量安全控制技术的实践应用非常缓慢。

二、关联规则发现

1. 相关概念

关联规则发现①是数据挖掘中最成功和最重要的一项任务，它的目标是发现数据集中所有的频繁模式。关联规则可用于发现交易数据库中不同商品（项）之间的关联关系，根据这些规则可以找出顾客的购买行为模式，如购买了某一商品对顾客购买其他商品的影响。这样的规则可以应用于商品货架设计、存货安排以及根据购买模式对用户进行分类。

设 I 为 m 个项的集合，$I = \{i_1, i_2, \cdots, i_m\}$，交易 T 为项的集合，且 $T \subset I$；D 为 T 的集合。对应每一个交易有唯一的标识，如交易号，记作 T_{ID}。设 X 是一个 I 中项的集合，如果 $I \subset T$；那么称交易 T 包含 X。

一个关联规则是形如 $X \Rightarrow Y$ 的蕴涵式。这里 $X \subset I$；$Y \subset I$；并且 $X \cap Y = \phi$，关联规则 $X \Rightarrow Y$ 在交易数据库 D 中的支持度（support）是交易集 D 中同时包含 X 和 Y 的交易数与所有交易数之比，记为 support $(X \Rightarrow Y)$，即

$$support(X \Rightarrow Y) = \{T: X \cup Y \Rightarrow T, T \in D\}/D * 100\% = s\%$$

规则 $X \Rightarrow Y$ 在交易集 D 中的可信度（confidence）是指包含 X 和 Y 的交易数与包含 X 的交易数之比，记为：confidence $(X \Rightarrow Y)$，即

$$confidence(X \Rightarrow Y) = \{T: X \cup Y \Rightarrow T, T \in D\}/\{T: X \subseteq T, T \in D\} * 100\% = c\%$$

项的集合称作项集（Itemset）。包含 k 个项的项集称为 k – 项集。例如：集合 $\{computer, financial\_management\_software\}$ 包含 2 个项，则其为 2 – 项集。项集的出现频率是包含项集的交易数，简称为项集的

---

① 韩家炜、米歇琳坎贝尔、裴健著，范明、孟小峰译：《数据挖掘概念与技术》，机械工业出版社 2007 年版。

频率、支持计数或计数。如果项集的出现频率大于或等于 min_sup 与 D 中交易总数的乘积，则称项集满足最小支持度 min_sup。如果项集满足最小支持度，则称它为频繁项集（frequent itemset，FI）。频繁 k – 项集的集合记作 L_k。

给定一个事务集 D，挖掘关联规则问题就是产生支持度和置信度分别大于用户给定的最小支持度和最小置信度的关联规则。动态地看，D 中含 X∪Y 的交易越多时，$sup(X \Rightarrow Y)$ 越大，且 $sup(X \Rightarrow Y) \in [0, 1]$；D 中含 X 的事务且同时含 Y 的越多时，$conf(X \Rightarrow Y)$ 越大，且 $conf(X \Rightarrow Y) \in [0, 1]$。根本任务是给出 I 和 D 后，找出所有 X 和 Y，它们具备关系 X⇒Y，且 $sup(X \Rightarrow Y) \geqslant S_0$ 和 $conf(X \Rightarrow Y) \geqslant C_0$。这里 S_0 和 C_0 为事先设定的两个阈值，即最小界限。

为了挖掘有意义的关联规则定义两个阈值：一是用户规定的关联规则必须满足的最小支持度，表示一组物品集在统计意义上需满足的最低程度；二是用户规定的关联规则必须满足的最小可信度，反映关联规则的最低可靠度。关联规则有如下性质：

性质 1：子集支持。

设 A 和 B 是两个不同的项目集，若 A⊂B，则 support(A)≥support(B)，因为 D 中所有支持 B 的交易也一定支持 A。

性质 2：非频繁项目集的超集也一定是非频繁的。

如果 A 在 D 中不满足最小支持度，即 support(A) < min_sup，那么，A 的每个超集 B 也不是频繁的。由关联规则性质 1 可得

$$support(B) \leqslant support(A) \leqslant min\_sup$$

因此 B 也不是频繁的。

性质 3：频繁项目集的所有非空子集也是频繁的。

如果子集 A 是频繁的，由关联规则性质 1 可得

$$support(A) \geqslant support(B) \geqslant min\_sup$$

因此 A 也是频繁的。特别的，如果 A = $\{i_1, i_2, \cdots, i_k\}$ 是频繁的，则它的 k 个基数为 (k–1) 的子集都是频繁的。

性质 4：一个项集是频集当且仅当它的所有子集都是频集。

根据常用的 APriori 性质，可以引出结论：任何非频繁的 (k–1) 项集都不可能是频繁 k – 项集的子集。这是 APriori 算法遵循的规则。在

找出频繁 k - 项集时，(k - 1) - 项集不是频繁项集的就不必考虑了。由此引出 APriori 的另一个性质：一个 K - 项集是频繁项目集，当且仅当其所有的 (K - 1) 子项集是频繁的。

为挖掘有效的关联规则，必须给定最小支持度和最小置信度。关联规则总是在 D 中求解，求出所有支持度和置信度分别超过 min_sup 和 min_conf 的关联规则，即求解满足 support($X \cup Y$) $\geq$ min_sup 和 conf($X \cup Y$) $\geq$ min_conf 的规则 X$\Rightarrow$Y。这种挖掘过程一般可分为两个方面：

第一，求解交易数据库 D 节的所有频繁项目集，即所有支持度不低于用户给定的最小支持度 min_sup 的项目集。

第二，基于上述已求解得到的频繁项集来生成所有关联规则，对每一个频繁项目集 A，找到 A 的所有非空子集 a，如果比率 support(A)/support(a) $\geq$ min_sup，就生成关联规则。即从第一步得到的频繁集中开采置信度不小于用户规定的最小置信度 min_conf 的规则。

2. 关联规则算法——APriori 算法

（1）算法步骤。

Apriori 算法使用一种逐层搜索的迭代方法，使用 k - 项集搜索 (k + l) - 项集。首先，找出频繁 1 - 项集的集合 L_1。L_1 用于找频繁 2 - 项集的集合 L_2，而 L_2 用于找 L_3，如此循环，直到不能找到频繁 k - 项集为止。综上所述，若要确定每个 L_k 均需要扫描一次数据库。APriori 算法的主要步骤分为两步：

①连接。为找 L_k，通过 L_{k-1} 与自己连接产生候选 K - 项集的集合。该候选项集的集合记作 C_k。设 l_1 和 l_2 是 L_{k-1} 中的项集。记号 $l_i[j]$ 表示 l_i 的第 j 项（例如，$l_1[k-2]$ 表示 l_1 的倒数第 3 项）。为方便计算，假定交易或项集中的项按字典次序排序。执行 $L_{k-1} \infty L_{k-1}$，其中 L_{k-1} 的元素是可连接的，如果它们前 (k - 2) 个项相同。即是，L_{k-1} 的元素 l_1 和 l_2 是可连接的，如果

$$(l_1[1] = l_2[1]) \land (l_1[2] = l_2[2]) \land \cdots \land (l_1[k-2] = l_2[k-2]) \land (l_1[k-1] < l_2[k-1])。$$

条件 $(l_1[k-1] < l_2[k-2])$ 是简单地保证不产生重复。连接 l_1 和

l_2 产生的结果项集是 $l_1[1]l_1[2]\cdots l_1[k-1]l_2[k-1]$。

②剪枝。C_k 是 L_k 的超集。即是，它的成员可以不是频繁的，但所有的频繁 k - 项集都包含在 C_k 中。扫描数据库 D，确定 C_k 中每个候选项的计数，进而确定 L_k（即根据定义，计数值不小于最小支持度阈值的所有候选项集都是频繁的，从而属于 L_k）。然而，C_k 可能很大，这样所涉及的计算量就很大。为压缩 C_k，可以使用 APriori 性质：任何非频繁的（k-1）项集都不可能是频繁 k - 项集的子集。因此，如果一个候选 k - 项集的（k-1）子集不在 L_{k-1} 中，则该候选也不可能是频繁的，从而可以由 C_k 中删除。这种子集测试可以使用所有频繁项集的散列树快速完成。

（2）算法描述。

算法：APriori 使用根据候选生成的逐层迭代找出频繁项集。

输入：事务数据库 D；最小支持度阈值 min_sup。

输出：事务数据库 D 中的频繁项集 L。

$L_1 = \text{find\_frequent\_1} - \text{itemsets}(D)$;

$\text{For}(k=2; L_{k-1}\neq\Phi; k++)\{$

　　$C_k = \text{apriori\_gen}(I_{k-1}, \text{min\_sup})$; //新的候选集合

　　For each transactions $t\in D$ {//扫描数据库 D 进行计数

　　　　$C_t = \text{subset}(C_k, t)$; //事务 t 中所包含的候选集合

　　　　For each candidate $c\in C_t$

　　　　　　C. count + + ;

　　}

　　$L_k = \{c\in C_k \mid c.\,count\geq minsup\}$

}

Return $L = U_k L_k$

产生候选项集过程 $\text{apriori\_gen}(\text{frequent}(k-1)\text{-itemsets } L_{k-1}, \text{minimum support threshold min\_sup})$:

For each itemset $l_1\in L_{k-1}$

　　For each itemset $l_2\in L_{k-1}$

　　　　$\text{If}(l_1[1]=l_2[1])\wedge(l_1[2]=l_2[2])\wedge\cdots\wedge(l_1[k-2]=l_2[k-2])\wedge(l_1[k-1]<l_2[k-1])$

{ c = $l_1 \infty l_2$

If has_infrequent_subsets(c, L_{k-1})

   Delete c; //剪枝：可以删除频繁项集中的无效连接

  Else add c to C_k

}

Return C_k

检测 c 的（k－1）－项集是否频繁：has_infrequent_subset(candidate k-itemset c, frequent(k－1)-itemset L_{k-1})

For each(k－1)-subset s of c

  If s $\notin L_{k-1}$

    Return true;

Return false;

APriori 是一种宽度优先算法，通过对数据库 D 的多趟扫描来发现所有的频繁项目集，在每一次扫描中只考虑具有同一长度 K（即项目集中所含项目的个数）的所有 K－项目集。在第一次扫描中，Apriori 算法首先计算数据库 D 中所有单个项目的支持度，生成所有长度为 1 的频繁项目集。在后续的每一趟扫描中，首先以前一趟中所发现的所有频繁项目集为基础，生成所有新的候选项目集（candidate itemsets），即潜在的频繁项目集，然后扫描数据库 D，计算这些候选项目集的支持度，最后确定候选项目集中哪一些真正成为频繁项目集。重复上述过程直到再也发现不了新的频繁项目集。算法的关键在于生成较小的候选项目集，也就是尽可能不生成和计算那些不可能成为频繁项目集的候选项目集。它利用了这样一个基本性质：即一个频繁项目集的任一子集必定也是频繁项目集。

三、农产品质量安全预警模型的构建

通过环境检测、农产品病害检测、土质、水质、土壤、投入品分析等多种手段从相关部门收集大量的不同时间点的农产品质量监测信息资料，形成影响农产品质量安全的各种因素的原始数据集。

1. 数据的标准化处理

由于收集的原始数据具有不同的单位以及不同的变异程度，而不同的单位会使得系数的解释变得非常困难，而且不同性质的指标直接使用不能正确反映不同作用力的综合作用结果，使得这些数据由于量纲不同、自身变异或者数值相差较大对结果产生更大的误差，因此，需要考虑改变指标数据性质，并进行无量纲化处理，最后才能得出正确结果。所以，首先对收集到的原始数据进行标准化处理，我们采用 z-score 标准化方法，其具体计算公式如下：

$$z(x_{ij}) = \begin{cases} (x_{ij} - \mu_j)/\sigma_j, & x_{ij} \geq \mu_j \\ 0, & x_{ij} < \mu_j \end{cases} \tag{4-1}$$

$$\sigma_j = \sqrt{(\sum_{i=1}^{n} (x_{ij} - \mu_j)^2)/(n-1)} \tag{4-2}$$

$$\mu_j = \frac{1}{n} \sum_{i=1}^{n} x_{ij} \tag{4-3}$$

其中，n 表示数据集中数据点个数，x_{ij} 表示第 i 个数据点的第 j 个属性值，μ_j 属性 j 的平均值，σ_j 为属性 j 的标准差。

通过上述标准化处理，可以将所有的数据都圈定在一定的范围之内，排除了因变量数据大小差异而引起的误差的影响，使数据之间可以进行可比性，方便我们的后续实验。

2. 数据的向量空间表示

向量空间模型（vector space model，VSM）是信息检索领域文本分类中应用最广泛的理论模型[①]。其主要思想是用线性向量空间来表示关键字和索引项。

向量空间模型首先将文档采用分词系统进行分词形成文档的特征，假设一个文档有 n 个特征项，分别表示为 t_1，t_2，…，t_n，然后再为每

---

① 唐果：《基于语义领域向量空间模型的文本相似度计算》，云南大学硕士学位论文，2013 年。

个特征项 $t_i(i=1, 2, \cdots, n)$ 赋予一定的权值 w_i，来体现该特征项的重要程度，这样，一个文本 d 就可以用一个带权重的特征向量来表示，即

$$\vec{d} = (t_1, w_1; t_2, w_2; \cdots; t_n, w_n)$$

其中，t_i 为文档的第 i 个特征项，w_i 为第 i 个特征项的权重，n 为特征向量的维数。在文档分类中，被广泛采用的权重计算公式有词频 DF (document frequency, DF) 法、概率法、布尔权重、词频/倒排文档频率 TF – IDF (Term – Frequency Inverse – Document – Frequency, TFIDF) 方法，其中 TF – IDF 方法具体公式如下：

$$w_i(t, d) = \frac{tf(t, d) \times \log(N/n_t + 0.01)}{\sqrt{\sum_{t \in d} [tf(t, d) \times \log(N/n_t + 0.01)]^2}} \quad (4-4)$$

其中，$w_i(t, d)$ 为文档 d 中第 i 个特征项 t 的权重，N 为文档集合中的文档总数目，n_t 为文档训练集中出现特征项 t 的文档数目。分母为归一化因子，是为了减少文档的长度不同而造成的影响，对权重所做的规范化处理。通过以上处理，每个文档都可视为是向量空间中的一个向量，这样对文档的处理就可以转化为对相应的向量的处理，如进行相似度计算等。

利用上述方法，我们将标准化的测量数据的每个指标及其测量值都看作是向量空间模型中的一维 (t_i, w_i)，再加上时间维度 d，构成数据的向量空间模型。假设时间 j 测量的各项指标构成的数据点为 $x_j = (d_j; t_{j1}, w_{j1}; t_{j2}, w_{j2}; \cdots; t_{jn}, w_{jn})$ $(j=1, 2, \cdots, m)$，其中 x_j 为第 j 个数据点，m 为数据点的个数，d_j 为第 j 个时间点，t_{ji} 为在第 j 个时间点第 i 个测量项，w_{ji} 为在第 j 个时间点第 i 个测量项的标准化测量值 $(i=1, 2, \cdots, n)$，因此每个数据点都由 n + 1 维测量数据组成。在进行使用时，如果某一个测量项没有测量数值时，我们将其测量值置为 0。

3. 数据的特征选择

由于在收集数据时，通过各种手段收集的各种指标数据较多，如果全部作为特征进行考量时，后期的数据处理和分析的空间复杂度和时间复杂度会非常高，而且有一些指标数据可能还会给最后的结果产生一些

负向影响，因此，为了提高数据分析的效率和准确性，有必要对获得的数据进行降维处理。特征选择是减少维度的一种应用非常广泛的技术，通过相关性准则对特征进行评价，从特征空间中选择相关的子特征，组成有效的特征子集[①]，从而达到降低计算量、减少时间复杂度和空间复杂度的目的。

（1）信息增益方法。传统的特征选择方法根据数据集的标签有无区分为有监督和无监督特征选择。有监督特征选择有过滤型、封装型和嵌入型之分[②]。过滤型特征选择依赖于训练集自身的特征，例如距离、一致性、依赖性、互信息等。Relief 算法、Fisher score 算法[③]和信息增益 IG（information gain，IG）算法[④]都是过滤型特征选择算法。封装型特征选择方法使用预定学习算法的预测准确率来决定选择特征的质量，对于特征量非常大的数据集，这种算法的计算量非常大。这里我们首先采用改进的 IG 方法进行特征选择。

信息增益（IG）算法：信息增益通常代表了特征空间中单独的特征对其分类标签的依赖，具体的计算方式如下：

$$IG(t) = -\sum_{j=1}^{k} p(c_j)\log_2 p(c_j) + p(t)\sum_{j=1}^{k} p(c_j|t)\log_2 p(c_j|t) + p(\bar{t})\sum_{j=1}^{k} p(c_j|\bar{t})\log_2 p(c_j|\bar{t})$$

$$(4-5)$$

其中，假设样本集合中的样本共包含 k 个类 $\{c_1, \cdots, c_k\}$，$p(c_j)$ 为属于 c_j 类的训练样本的概率；$p(t)$ 为特征项 t 出现的概率；$p(c_j|t)$ 为特征项 t 在属于 c_j 类的文档中出现的概率；$p(\bar{t})$ 为特征项 t 不出现的概率，有 $p(\bar{t}) = 1 - p(t)$；$p(c_j|\bar{t})$ 为没有出现特征项 t 的训练样本中属于 c_j 类的概率。

在实际应用中，我们把权值为 0 的特征项看作是在该数据点中没有出现的维度进行处理，获得每个特征项的 IG 值，我们设定一个阈值 φ，

① M Pal, GM Foody. Feature Selection for Classification of Hyperspectral Data by SVM ［J］. *IEEE Transactions on Geoscience & Remote Sensing*, 2010, 48（5）: 2297 - 2307.

② T Abeel, T Helleputte et al. Robust biomarker identification for cancer diagnosis with ensemble feature selection methods ［J］. Bioinformatics, 2010, 26（3）: 392 - 398.

③ GU Q, LI Z, HAN J. Generalized fisher score for feature selection ［C］//27th Conference on Uncertainty in Artificial Intelligence. Barcelona, Spain: AUAI Press, 2011: 226 - 273.

④ J Tang, S Alelyani et al. Feature selection for classification: A review ［J］. *Documentacion Administrativa*, 2014: 313 - 334.

当特征项的 IG 值小于阈值 φ，则将该特征项去掉，将 IG 值大于阈值的特征构成特征集合。

（2）LDA 主题模型。LDA（latent dirichlet allocation，LDA）模型由布莱（Blei）等于 2003 年提出，是一种对离散数据集（如文档集）建模的概率主题模型，是一种对文本数据的主题信息进行建模的方法，通过对文档进行一个简短的描述，保留本质的统计信息，有助于高效地处理大规模的文档集。它是一个生成性的三层贝叶斯网络结构①，将文档和词汇通过潜在的主题相关联。基于这样一种前提假设：文档由若干个隐含主题构成，而这些主题由文本中若干个特定词汇构成，忽略文档中的句法结构和词语出现的先后顺序。LDA 模型具有清晰的层次结构，依次为文档集合层、主题层和特征词层，其结构图如图 4 - 1 所示。

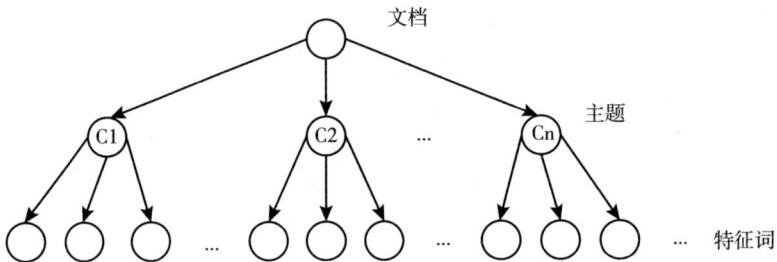

图 4 - 1 LDA 模型隐含主题的拓扑结构

在 LDA 模型中，语料库是由 M 个文档组成的集合，记为 $D = \{w_1, w_2, \cdots, w_M\}$。文档 w_m 是长度为 N_m 的词汇序列，记为 $w = (w_1, w_2, \cdots, w_{Nm})$，其中，$w_n$ 表示序列中的第 n 个词汇。

如图 4 - 2 所示，LDA 模型是典型的有向概率图模型，由模型的先验参数（α，β）确定，α 反映了文档集合中隐含主题间的相对强弱，β 刻画所有隐含主题自身的概率分布。外层矩形表示文档，内层矩形表示文档内主题和词的重复选择其中 $θ_k$ 表示文档主题的概率分布，$φ_k$ 表示特定主题下特征词的概率分布，M 表示文档集的文本数，K 表示文档集

---

① D M Blei, A Y Ng, M I Jordan. Latent Dlrichlet Allocatlon, Journal of Machine Leaming Research, 2003（3）：993 - 1022.

的主题数，N 表示每篇文档包含的特征词数。

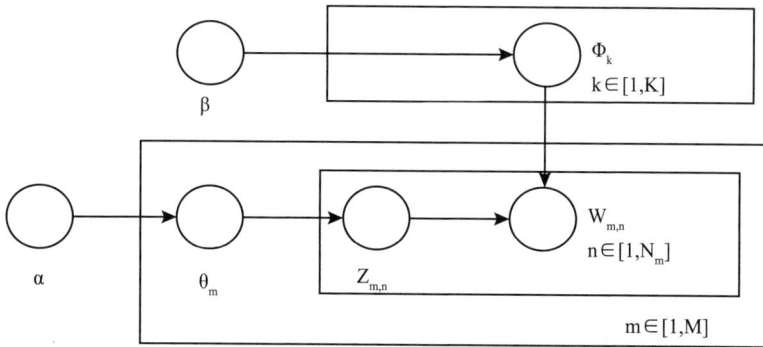

图 4 - 2　LDA 模型有向概率

Dirichlet 分布为一族连续的多元概率分布，以数学家勒琼·迪里克莱（Lejeune Dirichlet）的名字命名，表示为：

$$\mathrm{Dir}(\mu.|\alpha) = \frac{\Gamma(\sum\limits_{k=1}^{K}\alpha_k)}{\prod\limits_{k=1}^{k}\Gamma(\alpha_k)}\prod_{k=1}^{K}\mu_k^{\alpha_k-1} \qquad (4-6)$$

其中，$\alpha = (\alpha_1, \cdots, \alpha_K)^T$ 为 Dirichlet 分布的参数，$\Gamma(x)$ 为伽马函数，定义为：

$$\Gamma(x) = \int_0^{\infty} u^{x-1}e^{-u}du \qquad (4-7)$$

在贝叶斯统计中，Dirichlet 分布经常用作多项式分布的先验分布。

LDA 概率主题模型是将各文档表示为潜在主题的随机混合，而各个主题用词汇上的概率分布来捕捉，其生成文本的过程如下：

①从 Dirichlet 先验 β 中为每个主题 k 抽取多项式分布 ϕ_k，共可以抽取 K 个分布。

②从 Dirichlet 先验 α 中为每个文档 w_m 抽取多项式分布 θ_m，共可以抽取 M 个分布。

③对语料库中的所有文档 w_m 和文档中的所有词汇 w_{mn}：

a. 从多项式变量 θ_m 中抽取主题 z_m；

b. 从多项式变量 ϕ_z 中抽取词 w_{mn}。

我们将利用 IG 方法进行特征提取后的特征项集合，利用 LDA 方法进行主题提取，利用各个获得的主题构成主题特征项，利用主题特征项进行数据点的特征表示，然后利用各主题与各特征项之间的多项式关系及各特征项的测量值计算得到各主题的权值，进一步利用主题特征构建主题空间的特征表示。

4. 农产品质量安全预警模型的构建

（1）农产品质量安全影响因素分析及预测模型。由于农产品质量安全问题受到来自各方面的影响，影响因素众多，如果各种影响因素之间不产生相互影响，在进行农产品质量安全影响因素分析时，可以采用多元线性回归模型（multivariate linear regression model，MLRM）。多元线性回归分析的数学模型有如下简述。

假设因变量是 Y，有 M 个自变量 x_1，x_2，$\cdots$，x_m，Y 与这 M 个自变量之间的内在联系是线性的，而且各自变量彼此线性无关，这样随机抽取 n 组样本观察值就可以进行参数估计，则其多元线性回归模型如下：

$$Y = b_0 + \sum_{i=1}^{m} b_i x_i + u_i \qquad (4-8)$$

其中，b_0，b_1，$\cdots$，b_m 是 m + 1 个待估计参数，u_i 为误差项。

如果有 N 组观测数据：（x_{t1}，x_{t2}，$\cdots$，x_{tm}；y_t），t = 1，2，$\cdots$，n，那么这 N 组观测数据就有如下结构形式：

$$\begin{cases} y_1 = b_0 + b_1 x_{11} + b_2 x_{12} + \cdots + b_m x_{1m} + u_1 \\ y_2 = b_0 + b_1 x_{21} + b_2 x_{22} + \cdots + b_m x_{2m} + u_2 \\ \cdots \\ y_n = b_0 + b_1 x_{n1} + b_2 x_{n2} + \cdots + b_m x_{nm} + u_n \end{cases} \qquad (4-9)$$

对多元回归方程进行求解可以采用最小二乘估计进行得到参数估计量 b_0，b_1，$\cdots$，b_m。假设其残差平方之和记为 Q，则只要使 Q 达到最小即可。

令：

$$Y = \begin{bmatrix} y_1 \\ y_2 \\ \cdots \\ y_n \end{bmatrix}, \quad X = \begin{bmatrix} 1 & x_{11} & \cdots & x_{1m} \\ 1 & x_{21} & \cdots & x_{2m} \\ \cdots & & & \cdots \\ 1 & x_{n1} & \cdots & x_{nm} \end{bmatrix}, \quad b = \begin{bmatrix} b_1 \\ b_2 \\ \cdots \\ b_n \end{bmatrix} \quad (4-10)$$

则多元线性回归模型就转化为：$Y = bX$。

我们首先将得到的数据点中农产品质量安全水平这一维数据进行离散化，将质量安全情况分为两类：一类是有质量安全问题设为 1；另一类是无质量安全问题设为 0。然后利用 SPASS 软件将处理的数据点利用多元线性回归进行回归分析，将质量安全情况指标作为因变量，将利用主题空间的特征表示的各种测量指标作为自变量进行多元回归分析，得到各测量指标元素和质量安全情况之间关系的系数值 $\hat{b}$，即得到 $Y = \hat{b}X$。

a. 根据 $\hat{b}_i (i = 1, 2, \cdots, n)$ 的值的正负号来确定该指标和质量安全情况的正向和负向关系，从而确定在日常的农产品质量安全管理中不同的指标要采用不同的控制措施。

b. 根据 $\hat{b}_i (i = 1, 2, \cdots, n)$ 值的大小来确定对农产品质量安全水平产生影响的关键影响因素，从而可以使相关人员和相关管理部门能够根据不同的影响程度对不同指标使用不同的管理手段，进而确定在日后的农产品质量安全管理过程中应该控制的关键性能指标。

c. 根据得到的预测模型 $Y = \hat{b}X$，可以对未来某个时间点的农产品质量安全数据指标 X_0，根据得到的 Y_0，对该时间点的质量安全水平进行预测，进而能根据预测情况对可能发生的质量安全事件提前做好防范措施。

（2）基于时间序列发现的农产品质量安全预警模型的构建。由于农产品质量安全事件的发生具有时间性，其各个影响因素指标也会随着时间的推移产生一定的变化，因此，我们利用时间序列发现方法来分析农产品质量安全状况随时间变化的发展趋势。由于各种影响因素的复杂性程度比较高，我们采用指数平滑法对农产品质量安全水平进行趋势预测。

指数平滑法是在移动平均法基础上发展起来的一种时间序列分析预测法，是一种特殊的加权移动平均法，它是通过计算指数平滑值，配合一定的时间序列预测模型对现象的未来进行预测。其原理是任一期的指数平滑值都是本期实际观察值与前一期指数平滑值的加权平均。根据平滑次数的不同，可分为一次指数平滑法、二次指数平滑法和三次指数平滑法等。但它们的基本思想都是：预测值是以前观测值的加权和，对不同的数据给予不同的权，新数据给较大的权值，旧数据给较小的权值。

一次指数平滑预测

当时间数列无明显的趋势变化，可用一次指数平滑预测。设时间序列为 y_1，y_2，…，y_t，则一次指数平滑公式为：

$$S_t^{(1)} = \alpha y_t + (1 - \alpha) S_{t-1}^{(1)} \tag{4-11}$$

其中，$S_t^{(1)}$ 为第 t 周期的一次指数平滑值；$S_{t-1}^{(1)}$ 为第 t-1 周期的一次指数平滑值；α 为加权系数或平滑常数，$0 < \alpha < 1$。将上式展开，可得

$$S_t^{(1)} = \alpha \sum_{j=0}^{t-1} (1 - \alpha)^j y_{t-j} + (1 - \alpha)^t S_0^{(1)} \tag{4-12}$$

由于 $0 < \alpha < 1$，当 $t \to \infty$ 时，$(1-\alpha) \to 0$，于是上述公式变为：

$$S_t^{(1)} = \alpha \sum_{j=0}^{\infty} (1 - \alpha)^j y_{t-j} \tag{4-13}$$

以第 t 周期的一次指数平滑值作为第 t+1 期的预测值为：

$$\hat{y}_{t+1} = S_t^{(1)} = \alpha y_t + (1 - \alpha) \hat{y}_t \tag{4-14}$$

二次指数平滑预测

当时间序列没有明显的趋势变动时，使用第 t 周期一次指数平滑就能直接预测第 t+1 期之值。但当时间序列的变动出现直线趋势时，用一次指数平滑法来预测存在明显的滞后偏差。修正的方法是在一次指数平滑的基础上再作二次指数平滑，利用滞后偏差的规律找出曲线的发展方向和发展趋势，然后建立直线趋势预测模型，即二次指数平滑法。

设一次指数平滑为 $S_t^{(1)}$，则二次指数平滑 $S_t^{(2)}$ 的计算公式为：

$$S_t^{(2)} = \alpha S_t^{(1)} + (1 - \alpha) S_{t-1}^{(2)} \tag{4-15}$$

若时间序列 y_1，y_2，…，y_t 从某时期 T 开始具有直线趋势，且认为未来一段时期内仍按照此直线趋势发生变化，则与趋势移动平均类似，可以用如下的直线趋势模型来预测：

$$\hat{y}_{t+T} = \alpha_t + b_t T (T = 1, 2, \cdots, t) \tag{4-16}$$

其中，t 为当前时期数；T 为当前时期数 t 到预测期的时期数；$\hat{y}_{t+T}$ 为 t + T 期的预测值；α_t 为截距，b_t 为斜率，其计算公式为：

$$\alpha_t = 2S_t^{(1)} - S_t^{(2)}, \quad b_t = \frac{\alpha}{1-\alpha}(S_t^{(1)} - S_t^{(2)}) \tag{4-17}$$

三次指数平滑预测

若时间序列的变动呈现出二次曲线趋势，则需要用三次指数平滑法。三次指数平滑是在二次指数平滑的基础上再进行一次平滑，其计算公式为：

$$S_t^{(3)} = \alpha S_t^{(2)} + (1-\alpha)S_{t-1}^{(3)} \tag{4-18}$$

三次指数平滑法的预测模型为：

$$\hat{y}_{t+T} = \alpha_t + b_t T + c_t T^2 \tag{4-19}$$

其中：

$$\alpha_t = 3S_t^{(1)} - 3S_t^{(2)} + S_t^{(3)} \tag{4-20}$$

$$b_t = \frac{\alpha}{2(1-\alpha)^2}\left[(6-5\alpha)S_t^{(1)} - 2(5-4\alpha)S_t^{(2)} + (4-3\alpha)S_t^{(3)}\right]$$

$$\tag{4-21}$$

$$c_t = \frac{\alpha}{2(1-\alpha)^2}\left[S_t^{(1)} - 2S_t^{(2)} + S_t^{(3)}\right] \tag{4-22}$$

在实际应用中，我们采用指数平滑法对农产品质量安全水平进行预警的步骤为：

①首先要设定农产品质量安全水平阈值 φ。

②根据农产品质量安全情况的变化随时间序列的变化情况选择一次指数平滑预测模型、二次指数平滑预测模型和三次指数平滑预测模型的加权函数，其公式为：

$$\hat{y}_{t+T} = \beta_1 \hat{y}_{1,t+T} + \beta_2 \hat{y}_{2,t+T} + \beta_3 \hat{y}_{3,t+T} \tag{4-23}$$

其中，$\hat{y}_{t+T}$ 为最终加权预测函数；$\hat{y}_{1,t+T}$，$\hat{y}_{2,t+T}$，$\hat{y}_{3,t+T}$ 分别是一次指数平滑预测模型、二次指数平滑预测模型和三次指数平滑预测模型的预测函数；β_1，β_2，β_3 分别为加权系数，且 $\beta_1 + \beta_2 + \beta_3 = 1$。

③利用加权预测函数和获得的实际数据得到预测方程。

④根据预测方程预测未来期的农产品质量安全水平值 y，如果 $y \geqslant \varphi$，则认为未来期农产品质量安全水平较高，发生质量安全事件的可能性较小；如果 $y < \varphi$，则认为未来期的质量安全水平低，发生农产品质量安

全事件的可能性比较大，必须提前对可能引起质量安全事件的关键指标因素进行干预，来避免质量安全事件的发生或减少质量安全事件产生的影响。

在使用指数平滑法进行农产品质量安全水平预测时，我们发现：第一，指数平滑法加强了观察期近期观察值对预测值的作用，对不同时间的观察值根据时间和观察值都赋予不同的权值，权值之间按等比级数减少，加大了近期观察值的权值，使预测值能够迅速反映实际的变化。第二，指数平滑法对于观察值所赋予的权值有一定的伸缩性，可以取不同的 a 值以改变权值的变化速率。如果 a 取小值，则权值变化比较迅速，观察值的新近变化趋势能迅速反映到指数移动平均值中。所以，可以选择不同的 a 值来调节时间序列观察值的均匀程度（即趋势变化的平稳程度）。第三，由于农产品质量安全水平受各种不同因素的综合影响，而且收集的数据情况比较复杂，且农产品质量安全水平状况不会出现剧烈的变化，因此，我们最终采用的一次指数平滑法、二次指数平滑法和三次指数平滑法的综合加权，使得最终预测结果能对新近观察值的变化做了一次缓和，更能反映农产品质量安全水平随时间序列变化的趋势。

（3）高精度拟合模型的农产品质量安全预警模型的构建。由于获得的检测数据复杂多样，涉及环境检测、农产品病害检测、土质、水质、土壤、投入品等各种不同检测指标，它们之间存在着非线性关系。但是，在上述提到的方法中，我们假定各个数据点之间是相互独立的，都是通过特征选择后由选定的特征根据权值表示到向量空间中的数据点，没有考虑各个数据之间、各种影响因素之间可能存在的关联关系，而实际上，这些数据并不是完全独立的，质量安全水平的变化也并不仅仅只是随时间而发生变化，而是受其他各种因素相互作用的影响的结果，因此，在构建质量安全预警模型时要考虑各影响因素之间可能具有的关联关系以及各数据点之间的关联关系。

由于传统的对信息的统计分析结果，对大量数据中蕴藏的规律性分析不够深入，而在现实中，各部门收集的大量农产品质量安全数据之间都存在着非常紧密的联系，而且对农产品质量安全的影响程度也有一定的差别，所以研究农产品质量安全数据之间的联系并将其运用到质量安全预警过程中，对农产品质量安全预警的发展具有非常重要的意义。因此，可以将关联准则引入曲线的参数中作为约束条件，构造具有数据挖掘信息的高精度拟合曲线，利用数据挖掘技术结合具有数据点建议形状的高精度拟合曲线函数对农产品质量安全数据进行趋势分析，以直观、易理解的形式说明农产品质量安全状况的发展趋势，帮助用户了解、掌握农产品质量安全的变化规律，预测其发展趋势，并及时采取应对措施。

将已经预处理过的各预警指标数据作为原始散乱数据值，采用二次精度的多项式拟合函数构建预警指标走势曲线，借助数据挖掘方法，针对不同的目标科学地界定不同预警指标的警度阈值，借助走势曲线，参考预警指标的警度阈值进行农产品质量安全预警。并根据经验值，获取合理的函数参数估计，以更符合实际走势。该方法以大量的统计数据为科学支撑，综合应用曲线拟合、数据挖掘分析法等进行研究。

选取的多项式拟合函数形式如下：

$$F(x) = f_1(\alpha)x^2 + f_2(\alpha)x + f_3(\alpha) \qquad (4-24)$$

其中，x 为预警指标数据点的值，$f_1(\alpha)$，$f_2(\alpha)$，$f_3(\alpha)$ 分别为基于数据挖掘的关联性函数。关联性函数可以通过利用关联规则数据挖掘算法 Aprior 算法进行归纳获得，表示数据库中大量的预警数据之间存在着的潜在关系。

基于上述研究结果，在农产品质量安全预警信息系统中添加了预警演示功能。利用计算机建立的人机智能互动的警报信号输出系统。用绿、蓝、黄、橙、红作为预警信号颜色。将数据管理系统的计算结果，也即高精度拟合曲线，按照专家系统的分析结果，分类用绿、蓝、黄、橙、红五种颜色将曲线分段显示，直观地在电脑屏幕上反映出来，帮助用户了解、掌握农产品质量安全的变化规律，预测其发展趋势，并及时采取应对措施。例如，可参照经济监测预警的做法：绿色表示无警情，蓝色表示轻警，黄色表示中警，橙色表示重警，红色表示巨警。事故演示系统具有评估和预测两个功能。前者是根据对农产品质量的现实状况做出的评估，发出不同的预测报警信号。管理者可以据此来判断和预测农产品质量各方面运行的态势，做出相应决策。

同时，基于预警功能，预控对策功能为决策者提供应对教育危机的应急性、思路性、提示性建议的人机智能互动系统。主要由两部分组成：第一部分是储存、积累于电脑中的应对各种常规案例库，它可以根据预警事故的性质和类别自动调出若干相应对策；第二部分是应对非常规警示的专家咨询系统，完成后的咨询意见，将自动存储于电脑中的预警预控对策案例库中，以便日后调用。

四、小　　结

本章首先对影响农产品质量安全的因素进行了具体分析，然后在此基础上主要介绍了农产品质量安全预警模型的构建过程。在具体实践中，通过环境检测、农产品病害检测、土质、投入品分析等多种手段收集资料，形成影响农产品质量安全的各种因素的数据集，将数据经过标准化处理，进行利用向量空间模型对标准化数据进行向量空间表示，结合 IG 方法和 LDA 主题模型进行特征选择，然后根据农产品质量安全数据的不同特点，进行了基于多元线性回归方法进行农产品质量安全影响因素分析及预测的研究、基于时间序列发现的农产品质量安全预测以及基于高精度拟合模型的农产品质量安全预警模型的构建研究。

基于多元线性回归方法进行农产品质量安全影响因素分析及预测方法是利用 SPASS 软件对农产品质量安全水平状况和各种指标数据之间的因果关系，从而可以充分认识引起质量安全事件的各种指标的特点及控制方式，确定对农产品质量安全水平影响比较大的性能指标，进而可以进行重点监控，进一步利用多元线性回归方程构建预警模型，对未来的农产品质量安全状况进行预测。

基于时间序列发现的农产品质量安全预测模型的根据是农产品质量安全事件的发生并不是瞬间完成的，而是需要一段时间的积累，各种因素相互作用，将量变转化成了质变，才发生了质量安全事件，所以质量安全事件的发生和该时间点之前的各种因素的情况有着密切的关系，所以，我们采用三次指数平滑法来构建农产品质量安全预警模型，对质量安全事件随时间发展的趋势变化进行展示，进而可以对可能发生的农产品质量安全事件进行预警。

高精度拟合模型的农产品质量安全预警模型是将高精度散乱数据点

拟合曲线应用于农产品质量安全预警，进行科学预测，为管理部门及时采取相应措施提供决策依据。在对影响农产品质量安全的各因素进行调查、分析的基础上，以预警指标数据作为原始散乱数据值，通过数据挖掘技术分析该数据点集的特征，并基于该散乱数据点，建立时间序列上的拟合曲线，借助曲线的走势，以直观、易理解的形式说明农产品质量安全状况的发展趋势，帮助用户了解、掌握农产品质量安全的变化规律，预测其发展趋势，并及时采取应对措施。

第五章

数据驱动的农产品质量安全
预警机制创新研究

随着物联网、云计算等新兴技术的快速发展，RFID、GPS、传感器等技术在农产品供应链中得到广泛应用，农产品质量安全信息以爆炸式增长态势进入大数据时代，使得农产品质量安全预警管理越来越依赖于数据分析，而非经验，促使农业要逐渐形成以数据驱动决策的工作机制[1]，也为数据助力农产品质量安全预警机制创新提供了机遇。在物联网和大数据的推动下，农产品质量安全预警工作的思维方式和工作范式发生了根本变化，农产品监测预警的分析对象和研究内容更加细化、数据获取技术更加便捷、信息处理技术更加智能、信息表达和服务技术更加精准[2]。针对农产品质量安全预警工作中存在的问题，依然沿用传统的思路和治理手段进行解决已明显不足，需要以创新发展的思路来寻求解决办法。

一、我国农产品质量安全预警存在的问题

至今为止，我国已经在农产品质量安全预警方面做了很多工作，但由于起步较晚，还存在很多问题，需要进一步加强和创新预警机制，才能更好地保障农产品质量安全。

---

[1][2] 许世卫:《农业大数据与农产品检测预警》，载《中国农业科技导报》2014 年第 5期，第 14~20 页。

1. 农产品质量安全信息严重不对称

由于农产品质量具有信任品特性，政府对农产品不可能实施完全监管，而且政府对农产品的管理存在部门分割、权责交叉问题，使得农产品的生产经营者、消费者和政府管理者之间均存在不同程度的信息不对称，严重影响市场的运行效率并经常导致市场失灵，增大农产品质量安全事件发生的概率。

2. 缺乏完整而完善的农产品质量安全信息收集体系

数据是预警系统的基础，没有高质量的数据收集体系，即使精确度非常高的预警模型也很难获得很好的预警效果。而农产品质量安全预警信息不仅包括各级政府监管部门的监测数据，还包括大量不同类型的农产品安全标准知识、法律、法规及各种媒体中发布的不同格式的舆情数据等，这些数据大多是异构的，包括结构化、半结构化和非结构化数据，数量庞大，格式不一，复杂度高，且数据间存在交叉、重复、矛盾等问题，处理过程比较烦琐复杂，这使得在进行农产品质量安全预警时，经常由于没有获得关键数据或收集的数据不准确或干扰过多，导致系统无法达到预期的预警效果。

3. 科学有效的农产品质量安全信息共享体系尚未建立

目前，我国的农产品质量安全由不同部门进行分段监管，其中，农业农村部主要负责农产品的产前和产中领域，包括各种农业标准、农业投入品管理、动植物疫情防治等；卫生部主要负责食品和饮用水的卫生监督与抽检、食品安全法规建设以及相关的认证管理等；国家市场监督管理总局主要负责发布动植物疫情、动植物检疫法规、出入境检验检疫管理等。

由于不同部门之间存在职能分割，缺乏科学有效的信息资源传递、交流、共享和协调机制，致使农产品供应链各环节脱节，农产品质量安全预警体系出现了风险信息的收集渠道单一、信息的流动方向单一、预警及应急反应的措施单一、风险控制的效果单一的现象，直接导致大量数据被重复监测，各种宝贵的数据资源不能被充分综合利用，难以创造其应有的社会价值，并造成大量数据资源及人力物力的浪费，更不能保证预警的时效性、准确性和最终效果；而且，由于各种风险信息资源的分散、垂直管理，使得各政府部门所发布的信息缺乏统一协调性；由于不能做到实时共享，降低了发布信息的权威性；再加上发布的信息缺乏权威性的分析处理，使得预测分析能力更显不足，大大降低了信息的指导性。

4. 缺乏健全的风险评估微观预警机制

结合发达国家的风险预警管理经验，从中国国情出发，要完善中国的农产品质量安全预警机制，一是需要重视加强农产品质量安全风险评估与管理方面的研究并将其应用到预警工作中，风险评估是根据检测数据对农产品中存在的对人体健康不利的危害物可能带来的风险因素的特征、性质、联系及可能影响的时间、范围、程度、人群及其特征进行分析，以及早采取应急指导措施；二是深入研究智能预警分析技术及模型，为提高农产品质量安全数据分析能力提供实时的评估方法，实现准确预警，使消费者成功避开风险；三是强调农产品质量安全预警信息管理的透明性和公开性，使消费者能积极参与，提高预警能力，扩大预警信息的作用范围，充分发挥预警信息的作用，减少因信息不对称带来的不利因素。这些成功的管理经验正是我国在农产品质量安全微观预警方面急需重点加强的部分。

5. 缺乏健全的农产品质量安全管理的宏观预警体系

农产品质量安全宏观预警是通过对农产品质量安全原始信息进行智能分析，确立预警指标体系和预警标准，再利用现场检测等技术手段对所收集的信息进行深度分析，及时发现可能发生的危险并做出预警。而我国在管理部门的宏观管理上，对农产品质量安全预警的全过程管理并没有进行深入研究，信息的共享机制也没有建立，需要从影响农产品质量安全的各种因素着手，建立符合我国特征的评价预警指标体系，构建科学的预警模型，对我国的农产品质量安全度进行评价预警分析，真正建立起健全的农产品质量安全管理的宏观预警体系。

二、数据驱动的农产品质量安全预警机制创新

1. 依托物联网技术，进行农产品质量安全预警网络机制创新

（1）建立健全农产品市场信息网络平台。消除农产品市场信息不对称的关键是要建立健全农产品市场的信息机制，使得信息流通顺畅，提高农产品市场的信息化水平。而建立综合性的农产品市场信息网络平台，不仅可以向交易各方提供及时的农产品类别信息、投入品信息、质量信息、环境信息、价格信息、产地信息、供求信息、各种标准等，促使交易各方的信息对称，发挥政府的市场干预功能，提高市场交易的效率，而且可以为实施农产品质量安全预警提供长期、动态的数据来源，并为预警信息的发布实施提供平台。

因此，应依托物联网技术，加大农村信息工程建设，搞好通信、邮电等信息基础设施及图书报刊等多种媒体建设，为各种农产品信息通畅传递提供可靠保障，形成一个自上而下、自下而上的辐射力极强的信息网络，为市场交易提供真实有用的信息。

（2）发展农业物联网信息融合，加强农产品质量安全云平台建设。物联网是国家战略性新兴产业的重要组成，而农业是物联网应用的重要领域，因此，构建农业物联网是我国农业未来发展的必然趋势。农业物联网是将物联网相关技术和农业生产、经营、管理、服务全产业链的深度融合，形成对农产品生产整个过程的自动化识别、定位、跟踪、监控和管理的智能网络①。

---

① 许世卫：《农业大数据与农产品检测预警》，载《中国农业科技导报》2014年第5期，第14~20页。

要构建完善的农产品质量安全预警信息网络机制，需要充分发挥农业物联网的作用，一方面，要围绕预警管理的不同角度、不同专业层次的需求，收集农产品生产链条中各级各环节的原始生产、管理等海量异构信息，并对其进行快速规范处理和高效融合，形成农产品数据中心，为安全预警管理提供及时有效的数据支撑；另一方面，加强建设适合农产品质量安全预警领域应用的云平台建设，加快云服务与农产品预警领域特定的需求融合，建立农产品预警物联网云平台，借助云计算按需随取的高速计算能力，处理海量动态数据，为农业物联网提供超大规模的数据存储能力、高效率的数据分析能力以及对预警信息的协同应用能力，并将预警信息统一放在"云"端供用户使用，随时随地获取多种应用服务，加强用户的预警服务感知，实现开放式、可伸缩的智能预警云服务平台，从根本上转变农产品质量安全预警网络机制，实现预警网络的创新式改革。

（3）建立高效的预警信息交流与共享平台。成功构建农产品质量安全预警系统不仅要有高效的预警信息处理，还需要有良好的外部环境的支持才能更有效地发挥预警信息的作用。因此，农产品质量安全预警要充分利用物联网相关技术，将现有的农业、卫生、质检等质量安全信息资源进行有效的系统整合，再协调各省、市、地区已有的信息平台资源，逐步制定各种异构信息的规范化标准，将获得的预警信息标准化、规范化，建立跨部门、跨地区、适应面宽的可视化预警信息交流平台，实现信息资源共享；而且要建立健全农产品质量安全预警结果通告制度，通过信息网络将预警结果及时向有关部门及社会公布，加快农产品产业链中预警信息的传播，逐步形成纵向共享、横向联动的预警平台，建立面向整个过程的农产品质量安全预警机制，实现预警信息的有效传递和广泛共享。

2. 依托大数据分析技术，进行农产品质量安全预警信息机制创新

（1）构建农产品质量安全预警大数据云平台。数据是预警信息平台的基础，也是农产品质量安全预警系统的关键所在，应建立一套贯穿

整个农产品链条、覆盖面宽的完整数据收集体系。信息来源包括各级政府职能部门通过监测平台获得的农产品质量安全监测数据信息，在网络、报纸等各媒体平台报道的案例信息，质量安全舆情信息等。信息范围包括农产品生产环境情况、生产过程中的投入品质量情况、运输环节等方面的信息、国内外相关政策法规、质量标准等。这些异构数据可能包含结构化数据、半结构化、非结构化数据，其多样性、稀疏性、实时性、价值性更高。由于在进行建模时，需要对原始数据的所有属性进行学习，如果数据的噪声干扰较大，可能并不能得到很好的拟合效果。因此大量的原始数据要经过数据清洗、数据预处理以及特征选择的过程。

　　首先对海量异构数据采用 MapReduce 技术以及统计学中的等距抽样的方法，用数据量相对较小样本集合来表示大数据集，经过如缺失值填充、连续数据属性的离散化、非数值型数据的量化、标准化、归一化、数值变换、交叉验证等预处理，再利用如相关系数、决策树（decision tree）、随机森林（random forest）、主成分分析（principal component analysis，PCA）等算法选择比较重要的属性，打破数据壁垒，汇集多类数据，再经过数据抽样、检验、转换、集成等过程，将农产品质量安全信息重新进行组织、整合，然后采用迭代的方式对农产品质量安全数据仓库进行设计与建模。

　　首先根据实际需要来定义主题，其次利用星系模型构建数据仓库，对事实表和维表进行设计，再次设计数据准备区的数据结构、定义数据提取规则、定义数据清洗转换规则对源数据进行数据提取、数据清洗、数据转换（数据变换、维规约、数据压缩等）、数据细化、元数据的生成、数据装载等过程，最后为设置事实表和维表的主外键，生成数据表关联视图，如图 5 - 1 所示。

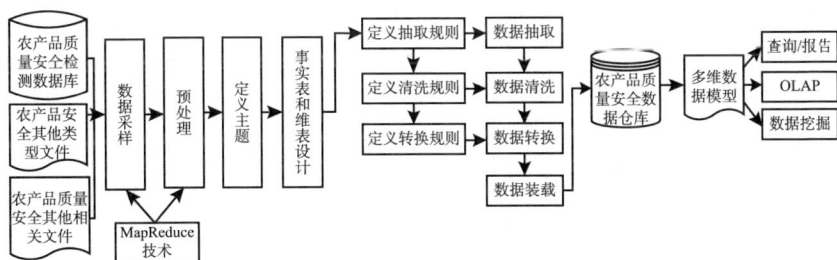

图 5 - 1　构建农产品质量安全数据仓库

在农产品质量安全数据仓库的基础上，再利用云计算技术，将质量安全信息部署在"云端"，构建统一、集成的农产品质量安全预警大数据云平台，供用户进行深度定制、可视化应用、个性化定制等多种操作，针对不同用户，开放不同层级的数据应用，提供个性化服务，充分发挥预警大数据平台的指导作用，并为后续研究工作提供数据基础。

（2）构建农产品质量安全预警指标体系。预警指标体系的建立，既有利于有目的性地对各指标状态进行监控，对我国农产品质量安全的历史与现状进行全面系统的判断，又能对未来的安全状况进行预测与评价。

利用构建的农产品质量安全预警大数据平台，首先基于传统的模糊聚类方法，对各种风险因素进行特性分析，再根据各风险要素的特性及其测量值构建各风险因素的向量空间模型；其次基于本体计算各风险因素的语义相似度，通过距离加权方式利用改进的 K-means 算法等对风险因素进行聚类，并通过误差平方最小化和整个训练样例误差平方最小化约束，来调整聚类结果，识别农产品产业链条中的潜在风险因素；最后，通过利用聚类获得的类别和已有的数据，结合大数据分析技术对各风险因素运用语义相似性进行归纳分类，如可以训练支持向量机（support vector machine，SVM）分类器，并分析其产生的原因及特性，构建农产品质量安全风险因素自动识别模型，建立农产品质量安全风险因素自动识别系统，实现对各种风险因素的自动判别，根据语义相似度选择关键风险因素进行重点监控，最终形成农产品质量安全风险预警指标体系，形成农产品质量安全风险管理知识库。

其具体构建过程如图 5 - 2 所示。

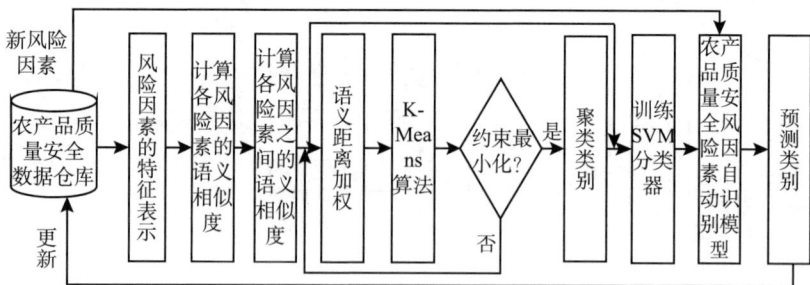

图 5 - 2　农产品质量安全风险因素自动识别模型的构建过程

据统计，80%～90%的食品安全风险是由于人为因素造成的，利用机器学习和数据挖掘技术进一步探索食品供应链各成员的行为特征对食品供应链脆弱性的影响，不仅可以不断地丰富和完善食品安全风险管理知识库中的内容，而且对政府监管部门对供应链成员采取更有针对性的措施提供一定的数据指导。

但供应链脆弱性是供应链内在的特质，是由供应链本身的结构和特征所决定的，是供应链抵御风险的一种能力，通过测量供应链风险因素对供应链产生的影响程度来衡量供应链脆弱性的程度，而供应链成员的行为通过对供应链各种风险因素的影响力度间接影响了供应链，即课题中通过供应链风险因素的传递作用来对供应链成员的行为特征对供应链的脆弱性的影响研究，如图5－3所示。

图5－3　供应链成员的行为特征对供应链脆弱性的影响

第一，首先在对众多学者和相关领域的专家和供应链实践人员的调研访谈数据进行借鉴的基础上，总结出供应链中各成员的显著特征，并编制出适用于供应链脆弱性的初始量表，以及各特征对风险指标体系中风险因素的影响程度，通过对供应链成员进行调查问卷，获得实验进行的基础数据。

第二，对供应链成员的行为特征进行分析，综合考虑这些特征对供应链风险因素的影响能力构建其权重模型，并利用这些特征及其权重来表示供应链成员，完成供应链成员信息的数据表示。

第三，采用径向基函数神经网络方法对供应链各成员根据其行为特征进行分类分析。

第四，对划分成同类的所有供应链成员对体现供应链脆弱性的各相关风险指标因素的影响力度进行量化。

其具体过程如图5－4所示。

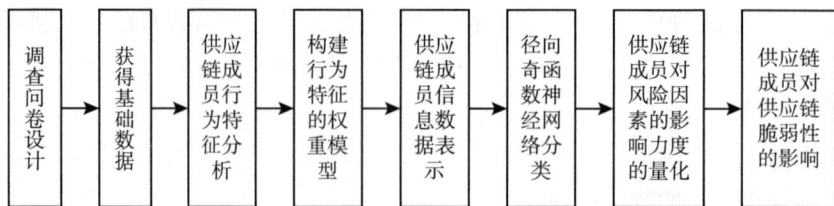

图 5 – 4 农产品供应链成员行为对供应链脆弱性的影响

①K – Means 聚类算法。K-means 算法是一种简单、高效的聚类算法，并得到了广泛的应用[①]。K-means 算法的基本思想是首先随机选取 k 个初始聚类中心，然后计算每个样本点到初始聚类中心的欧式距离，按照所有样本点到聚类中心点之间距离平方和最小的准则将各个样本点分配给相似度最大的聚类中心所代表的类中，再计算每个类别所有样本点的均值，更新聚类中心，直到目标准则函数收敛为止。对于 n 个样本点 x_1，x_2，$\cdots$，$x_n \in R^m$ 的数据集 X，其中 $x_i = (x_{i1}, x_{i2}, \cdots, x_{im})$，k-means 算法的具体步骤描述如下：

a. 用户输入类簇数目的值 k，从 n 个样本点中随机选取 k 个点作为初始聚类中心，记为 μ_1，μ_2，$\cdots$，$\mu_k \in R^m$，其中 $\mu_j = (\mu_{j1}, \mu_{j2}, \cdots, \mu_{jm})$，m 为样本点的特征数量；

b. 遍历所有的样本点，计算每个样本点 $x_i \in R^m$，i = 1，2，$\cdots$，m 到初始聚类中心 $\mu_j \in R^m$，j = 1，2，$\cdots$，k 的欧式距离

$$\text{dist}(x_i, \mu_j) = \| x_i - \mu_j \|^2 = \sqrt{(x_{i1} - \mu_{j1})^2 + (x_{i2} - \mu_{j2})^2 + \cdots + (x_{im} - \mu_{jm})^2},$$
$$i = 1, \cdots, n; \ j = 1, \cdots, k \qquad (5-1)$$

将欧氏距离的大小作为相似度的评判标准，距离越小，相似度越大。按照距离最近的准则将样本点分配给相似度最大的聚类中心所代表的类。

$$c^{(h)} = \underset{1}{\arg\min} \| x^{(h)} - \mu_1 \|^2 \qquad (5-2)$$

其中，$c^{(h)}$ 表示样本点 h 距离 K 个类簇中最近的那一类。

c. 重新确定聚类中心。将每个类簇中的所有样本点的均值作为新

---

① 韩家炜、米歇琳坎贝尔、裴健著，范明、孟小峰译：《数据挖掘概念与技术》，机械工业出版社 2007 年版。

的聚类中心。

$$\mu_l = \frac{\sum_{t=1}^{m} \{c^{(t)} = j\} x^{(t)}}{\sum_{t=1}^{m} \{c^{(t)} = j\}} \qquad (5-3)$$

其中，质心 μ_l 表示对属于同一类中样本的样本中心点的估计。

d. 重复 b 和 c，直到使得平方误差准则函数收敛为止。其中，平方误差准则函数公式如下：

$$E = \sum_{i=1}^{k} \sum_{x_i \in C_i} |x_i - a_i|^2$$

$$a_i = \frac{\sum_{x_i \in C_i} dist(x_i, \mu_i)}{|C_i|} \qquad (5-4)$$

其中，E 为数据集中所有数据点到中心点的距离与平均距离的差的平方和，x_i 是数据集中属于类别 c_i 的数据样本点，a_i 是类 c_i 中所有样本的平均值。μ_i 为类别 C_i 的中心点，$|C_i|$ 为类别 C_i 中样本点的个数，$dist(x_i, \mu_i)$ 表示数据点 x_i 到聚类中心 μ_i 的距离。

在利用 K-means 算法等对风险因素进行聚类时，对 K-means 算法从聚类距离两个方面进行了如下改进：

第一，样本点和聚类中心的聚类距离公式的选取。

K-means 聚类算法中样本之间的相似度通常使用聚类距离作为衡量标准，聚类距离即为每个观测点到它所在的聚类中心点的距离，传统的用于计算聚类距离的方法有欧氏距离、余弦距离、汉明距离、马氏距离等。在对风险因素聚类时，我们采用了基于 WordNet 的加权语义距离，其具体步骤如下：

a. 对于各风险要素的每个风险特征，首先利用 WordNet 获取该概念的语义，从每个概念在 WordNet 语义分类树中的位置出发，考虑这两个概念在语义树中的相对位置及二者最底层的公共祖先节点 $rootB(c_1, c_2)$ 的位置，认为概念相似度是两概念之间的最短距离路径和最底层的公共祖先节点深度的函数。

假设有两个概念 c_1，c_2，从概念 c_1 到概念 c_2 的最短路径长度为 $len(c_1, c_2)$，其语义相似度 $Sim(c_1, c_2)$ 可以定义为：

$$\text{sim}(c_1, c_2) = \frac{2 \times \text{deep}(\text{rootB}(c_1, c_2))}{\text{len}(c_1, c_2) + 2 \times \text{deep}(\text{rootB}(c_1, c_2))} \times \frac{|\text{deep}(c_1) - \text{deep}(c_2)|}{\max(\text{deep}(c_1), \text{deep}(c_2))}$$

$$(5-5)$$

其中，$\text{deep}(c_i)$ 表示概念 c_i 在 WordNet 语义分类树中的深度；$\text{rootB}(c_1, c_2)$ 为概念 c_1 和概念 c_2 在语义分类树中最底层的公共祖先节点；$\text{deep}(\text{rootB}(c_1, c_2))$ 为概念 c_1 和概念 c_2 最底层的公共祖先节点在语义分类树中的深度；$\max(\text{deep}(c_i), \text{deep}(c_j))$ 表示概念 c_i 和概念 c_j 的最大深度。

这样，就可以得到风险要素的各风险特征之间的相似度。

b. 根据各风险特征之间的相似度，再利用欧氏距离获得风险要素之间的语义距离 $\text{dist}(x_i, \mu_j)$ 计算其相似度，其具体公式如下：

$$\text{sim}(x_i, \mu_j) = \frac{1}{1 + \| x_i - \mu_j \|^2}$$

$$= \frac{1}{1 + \sqrt{(x_{i1} - \mu_{j1})^2 \text{sim}(x_{i1}, \mu_{j1}) + (x_{i2} - \mu_{j2})^2 \text{sim}(x_{i2}, \mu_{j2}) + \cdots + (x_{im} - \mu_{jm})^2 \text{sim}(x_{im}, \mu_{jm})}}$$

$$(5-6)$$

第二，初始聚类中心的选取。

在传统的 K-means 方法中，需要从原始的数据集中随机选取 k 个点作为聚类中心。我们对此作了一定的改进，具体过程如下：

a. 首先将所有点作为一个类别，计算该类别的聚类中心 μ_1。

b. 计算所有数据点到 μ_1 的距离 $\text{dist}(x_i, \mu_1)$，得到数据点到 μ_1 的距离的最大值，将距离 μ_1 最远的数据点作为第二个聚类中心 μ_2。

c. 分别计算所有数据点到 μ_1，μ_2 的距离 $\text{dist}(x_i, \mu_1)$，$\text{dist}(x_i, \mu_2)$，$i = 1, \cdots, n$，计算所有数据点分别到 μ_1，μ_2 的距离和 $\sum_{i=1}^{n} \text{dist}(x_i, \mu_1)$，$\sum_{i=1}^{n} \text{dist}(x_i, \mu_2)$，再将距离 $\text{dist}(x_i, \mu_1) \dfrac{\sum_{i=1}^{n} \text{dist}(x_i, \mu_1)}{\sum_{j=1}^{2} \sum_{i=1}^{n} \text{dist}(x_i, \mu_j)} +$

$\text{dist}(x_i, \mu_2) \dfrac{\sum_{i=1}^{n} \text{dist}(x_i, \mu_2)}{\sum_{j=1}^{2} \sum_{i=1}^{n} \text{dist}(x_i, \mu_j)}$ 最大的点作为第三个聚类中心 μ_3。

d. 按照上述方法，假设已经得到 p（p≤k）个聚类中心点 μ_1，μ_2，⋯，μ_p，分别计算所有数据点到各聚类中心的距离 $dist(x_i，\mu_j)$（$i=1$，⋯，n；$j=1$，⋯，p），计算距离：

$$\underset{q}{argmax}\sum_{t=1}^{p}\left(dist(x_q，\mu_t)\frac{\sum\limits_{i=1}^{n}dist(x_i，\mu_t)}{\sum\limits_{j=1}^{p}\sum\limits_{i=1}^{n}dist(x_i，\mu_j)}\right) \qquad (5-7)$$

选取 x_q 作为第 p+1 个聚类中心。

e. 直到得到 k 个聚类中心为止。

②支持向量机（support vector machine，SVM）。1963 年瓦普尼克（Vapnik）在解决模式识别问题时提出了支持向量方法，这种方法从训练集中选择一组特征子集，使得对特征子集的划分等价于对整个数据集的划分，这组特征子集就被称为支持向量（support vector，SV）。1990年，SVM 开始取得突破性进展，1995 年瓦普尼克正式提出统计学习理论，并较好地解决了线性不可分问题，从而奠定了 SVM 的理论基础。很多实验证明，SVM 不仅在解决小样本、非线性及高维数据的模式识别中表现出许多特有优势，且在很多规模较大的数据集上表现也很优异[①]。

支持向量机是从数据线性可分两元分类问题中发展而来的，假设有两类线性可分的训练样本集 I，样本的特征维数为 m，所对应的类别标签为 y_1，y_2。在维 m 的特征空间中，存在两类不同的样本，SVM 要寻找一个满足分类要求的超平面，并且使训练集中的点距离分类面要尽可能的远，即要寻找一个分类面使它两侧的空白区域最大，假设实心点和空心点代表两类样本，H 为把两类样本正确地分开的分类线。H_1，H_2 分别为通过两类样本中离分类线最近的点而且平行于分类线的直线，即要求分类线不但能将两类样本正确地分开，而且要使 H_1 和 H_2 之间的间隔最大。分类线方程为 x.w+b=0，对它进行归一化，使对线性可分样本集 $(x_i，y_i)$，$i=1$，⋯，n_o，$x_i \in R^d$，$y_i \in \{+1，-1\}$，满足

$$y_i[(w.x_i)+b]-1\geqslant0, \quad i=1，2，⋯，n \qquad (5-8)$$

这样分类间隔就等于 2/‖w‖，因此使分类间隔最大等价于最小化 ‖w‖. 因此满足上式并且使 ‖w‖ 最小的分类面就是最优分类面，H_1，

---

① ［美］迪达等著，李宏东等译：《模式分类》（第二版），机械工业出版社 2003 年版。

H_2 上的训练样本就是支持向量。

要找到这样的一个最优超平面，实际上是在式（5-8）的限制下，找到使式（5-9）最小的 w 和 b。

$$\phi(w) = \frac{1}{2} \| w \|^2 = \frac{1}{2}(w.\,w) \qquad (5-9)$$

根据这个问题，可以定义如下的 Lagrange 函数：

$$L(w,\,b,\,\alpha) = \frac{1}{2}(w.\,w) - \sum_{i=1}^{n} \alpha_i \{ y_i [(w.\,x_i) + b] - 1 \}$$

$$(5-10)$$

其中，$\alpha_i > 0$ 为 Lagrange 系数。

通过对 w 和 b 求偏导数，并令相应的结果为 0，可以把这个分类问题转化为它的对偶问题，即：最大化泛函

$$Q(\alpha) = \sum_{i=1}^{n} \alpha_i - \frac{1}{2} \sum_{i,j=1}^{n} \alpha_i \alpha_j y_i y_j (x_i.\,x_j) \qquad (5-11)$$

$$\text{s. t. } \sum_{i=1}^{n} y_i \alpha_i = 0 \qquad (5-12)$$

$$\alpha_i \geqslant 0,\ i=1,\,2,\,\cdots,\,n \qquad (5-13)$$

α_i 为与第 i 个样本相对应的 Lagrange 乘子。这是一个有不等式约束的二次规划问题，因此存在唯一解。解上述问题后得到的最优分类函数是：

$$f(x) = \text{sgn} \{ (w.\,x) + b \} = \text{sgn} \left\{ \sum_{i=1}^{n} \alpha_i^* y_i (x_i.\,x) + b^* \right\} \qquad (5-14)$$

在很多实际情况中，训练数据集是线性不可分的。对于这类非线性问题，可以通过非线性变换将它转化为某个高维空间中的线性问题，在这个高维空间中寻求最优分类面。由于这种变化可能比较复杂，因此在一般情况下是不容易实现的。从式（5-11）和式（5-14）可以看到，不论是对于寻优函数还是分类函数都只涉及训练样本之间的内积运算 $x_i \cdot x_j$，因此实际上在高维空间中只需进行内积运算，而这种内积运算可以通过在原空间中定义的函数来实现。

因此，在最优分类面中采用核函数 $K(x_i,\,x_j)$ 实现某种非线性变换后，计算的复杂度并没有增加，此时式（5-11）和式（5-14）分别转化为：

$$Q(\alpha) = \sum_{i=1}^{n} \alpha_i - \frac{1}{2} \sum_{i,j=1}^{n} \alpha_i \alpha_j y_i y_j K(x_i, x_j) \qquad (5-15)$$

$$f(x) = \text{sgn}\left\{ \sum_{i=1}^{n} \alpha_i^* y_i K(x_i, x) + b^* \right\} \qquad (5-16)$$

上式中, 常用的核函数包括以下三种:

a. 多项式核函数

$$K(x, x_i) = (x. x_i + 1)^d \qquad (5-17)$$

其中, d 是多项式的阶次;

b. 标准 Guassian 核函数

$$K(x, x_i) = \exp\left\{ -\frac{|x - x_i|^2}{2\sigma^2} \right\} \qquad (5-18)$$

其中, σ 为核宽度参数;

c. Sigmoid 函数

$$K(x, x_i) = \tanh(v(x. x_i) + c) \qquad (5-19)$$

其中, v 为一阶常数, c 为偏置项。除了上面三种核函数外, 在特殊的场合还可以构造特殊的核函数。

③径向基神经网络。径向基函数 (radial basis function, RBF) 是在 1985 年由鲍威尔 (Powell) 提出的用于解决多变量插值问题的一种方法, 后来这种方法被广泛应用于求解复杂形域的偏微分方程、函数插值、曲面重建等数值和云计算领域当中。作为一种多变量插值的方法, 径向基函数插值法能够不受输入变量的限制, 可以有效地解决高维插值的问题[1]。

RBF 函数一般表示为 $\varphi(X, X_0) = \varphi(\| X - X_0 \|)$ 的形式, 是非线性的且函数关于中心点径向对称。式中的范数通常取欧氏距离的形式, 也可以用汉明距离、切比雪夫距离等距离度量的形式来表示。假设 $v = \| X - X_0 \|$, 最常见的径向基函数有:

a. 标准高斯基函数:

$$\varphi(v) = \exp\left(-\frac{v^2}{2\sigma^2} \right) \qquad (5-20)$$

---

① Powell, M. J. D., Radial basis function for multivariable interpolation: a review. IMA Conference on Algorithms for the Approximation of Functions and Data, RMCS, Shrivenham, 1995.

b. 反演 sigmoid 函数：

$$\varphi(v) = \cfrac{1}{1 + \exp\left(\cfrac{v^2}{\sigma^2}\right)} \qquad (5-21)$$

c. 薄板样条函数：

$$\varphi(v) = v^2 \log(v) \qquad (5-22)$$

径向基函数的插值方法就是用一组给定的径向基函数作为插值的函数基，通过计算输入到每一个基函数中心 $\vec{x}_i$ 的距离值，将范数代入到对应的径向基函数中，最后通过一组实值系数做线性加权，来得到对未知函数映射关系 F 的近似方程[①]。

$$F(\vec{x}_i) = \sum_{i=1}^{N} \vec{c}_i \varphi(\parallel \vec{x} - \vec{x}_i \parallel) \qquad (5-23)$$

其中径向基函数的参数为 n 维空间的欧氏范数：

$$\parallel \vec{x} - \vec{x}_i \parallel = \sqrt{\sum_{m=1}^{n} (x_m - x_{i,m})^2} \qquad (5-24)$$

由于已经给定一组插值的函数基，其中需要调节的参数就只有实值系数 c_i，计算该系数的公式为：

$$\vec{c}_i = \sum_{j=1}^{N} \Phi_{i,j}^{-1} \vec{y}_j \qquad (5-25)$$

其中 $\Phi_{i,j} \equiv \varphi(\parallel \vec{x}_i - \vec{x}_j \parallel)$ 是通过计算得到的插值矩阵，如果矩阵不可逆也可以通过结合最小二乘法等方法来计算实值参数 c_i 的值[②]。

径向基神经网络是一类标准的三层前向神经网络结构，分为输入层、隐藏层和输出层。输入层接收输入向量进行线性加权处理，隐藏层中通过非线性激活函数对加权后的数据进行非线性映射，输出层对最后激活函数的输出结果做线性加权，得到预测的输出值。当神经网络隐藏层节点选择使用径向基函数作为激活函数时，就构成了径向基神经网络。

径向基神经网络可以将低维线性不可分的数据投射到一个新的空间，通过合理的设计选择，使得数据在新的空间（通常是高维空间）

---

① 吴宗敏：《径向基函数、散乱数据拟合与无网格偏位方程数值解》，载《工程数学学报》2002 年第 2 期，第 10～11 页。

② 邹友龙、胡法龙、周灿灿等：《径向基函数插值方法分析（英文）》，载《Applied Geophysics》2013 年第 4 期。

是线性可分的，然后再使用线性单元来处理问题，比如在输出层中线性加权得到预测的输出值。

设径向基神经网络输入向量为 X_1，X_2，$\cdots$，X_n；隐含层有 p 个神经元，对应的期望输出向量为 Y_1，Y_2，$\cdots$，Y_m；w_{ij} 和 w_{jk} 分别为输入层至隐含层的连接权值和隐含层至输出层的连接权值；n 和 m 分别为输出节点数和输出节点数。径向基神经网络算法的一般步骤为：

a. 网络初始化。将输入层到隐含层的连接权值全部置为 1。

b. 计算隐含层输出。当奇函数选择高斯函数时，根据输入向量 X，第 i 个隐层单元的输出为：

$$H_i = \exp\left(-\frac{\| X - c_i \|^2}{2\sigma^2} \right), \ i = 1, \ 2, \ \cdots, \ p \qquad (5-26)$$

其中，p 为隐含层节点数；c_i 为第 i 个 RBF 隐层的中心，σ_i 为第 i 个单元的宽度。

c. 计算输出层输出。根据隐含层输出，则输出层的第 j 个输出为：

$$f_j(x) = \sum_{i=1}^{p} w_i h_{ij} \qquad (5-27)$$

其中，w_{ij} 为第 i 个隐层节点到第 j 个输出之间的权值；$f_j(x)$ 表示神经网络的第 j 个预测输出值。

d. 计算误差。根据期望输出 Y_j 和网络预测输出 $f_j(x)$，计算网络预测误差 E。

$$E = \frac{1}{2} \sum_{j=1}^{N} (y_j - f_j(x))^2 \qquad (5-28)$$

e. 利用梯度下降法进行迭代，使代价函数最小化，即可取得最后输出。

径向基神经网络是一种性能优良的前馈神经网络，具有很强的非线性拟合能力，能够任意精读逼近任意的非线性函数，具有全局逼近能力，而且学习规则简单，训练简洁，学习收敛速度快，具有很强的鲁棒性、记忆能力以及强大的自学习能力，已经被广泛应用于模式识别、非线性控制和图像处理等领域。

（3）农产品质量安全的影响因素分析。影响农产品质量安全的因素很多，只有把它们都研究透彻，才能搞清产生农产品质量安全事件的原因，提前采取应急措施，将危险控制在最小范围之内，达到预警的目的。

在农产品质量安全大数据平台的支持下，结合 HACCP（危害分析临界控制点）方法，首先对各种风险因素进行特征分析，并为各种特征构建权重模型，对各种风险利用其特征及权重进行表示，然后对各种风险因素的危害性、风险发生的可能性、该风险因素可能引起的食品安全事件的可控性、随时间推移的变化趋势、各风险因素之间的潜在关系等进行研究，分别采用以下方法进行量化：利用多项 Logistic 回归方法来衡量该风险因素总体的危害性；利用分类方法考察在当前条件下风险发生的可能性并利用隶属度函数衡量其可能性大小；利用贝叶斯分析方法来预测该风险因素引起的食品安全事件的可能性及该事件的等级，综合考虑引起食品安全事件的可能性大小和引起的食品安全事件的等级大小来衡量该风险因素可能引起的食品安全事件的可控性；利用径向基函数对风险因素变化趋势进行拟合；利用关联规则发现方法探索各风险因素之间的潜在关联关系并利用模糊函数进行量化。

综合考虑风险因素的以上特征，利用 Logistic 回归方法构建动态的农产品质量安全风险评估模型，定性和定量地对各种风险因素进行分析评估，为选择合适的风险管理的方法并做出正确的风险管理决策提供科学依据；在此基础上进一步确定当前农产品供应链中重要的风险因素以进行重点监控，使得农产品供应链风险控制在最小范围之内。

其具体构建过程如图 5 - 5 所示。

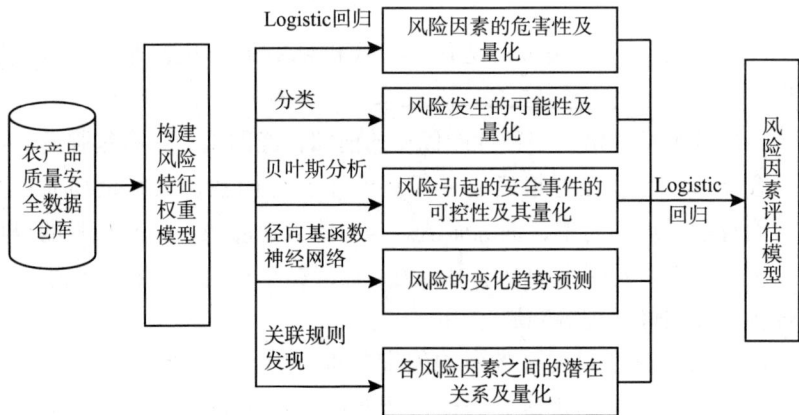

图 5 - 5 农产品质量安全风险评估模型的构建

①logistic 回归。Logistic 回归的概率函数定义为:

$$p = \frac{1}{1 + \exp[-(\beta_0 + \beta x)]} \tag{5-29}$$

其中，β_0 是截距，β 是自变量的系数。

当自变量有多个时，其对应的多元 Logistic 回归模型形式为:

$$p = \frac{1}{1 + \exp(-\sum \beta_i x_i)} \tag{5-30}$$

上式可以转化为:

$$\ln\left[\frac{p}{1-p}\right] = \sum \beta_i x_i \tag{5-31}$$

假设事件发生的概率 $p = p(y=1)$，事件不发生的概率为 $1-p = 1 - p(y=1) = p(y=0)$，Logistic 将线性回归输出的很大范围，压缩到 $[0, 1]$ 之间。

通过对 β 求导，令导数为 0，最大化对数似然值估计参数，再利用梯度下降法求得第 i 个样本被划分到 $y_i = 1$ 的概率估计值 $\hat{p}_i$，当 $\hat{p}_i > 0.5$，则第 i 个样本的 $y_i = 1$，否则，第 i 个样本的 $y_i = 0$。

②贝叶斯分类。朴素贝叶斯分类方法是基于贝叶斯定理与特征条件独立假设的分类方法[①]，其具体分类过程如下:

a. 假定有 m 个已知的类 C_1, C_2, …, C_m。朴素贝叶斯分类模型会将给定的类别未知的数据样本指派给使其概率值最大（在 X 作为前提下）的类。利用朴素贝叶斯分类模型将待测的未分类的样本分配给某个类别 C_i 时，其需要满足的条件是:

$$P(C_i|X) > P(C_j|X), \quad 1 \leq i, \ j \leq m, \ j \neq i \tag{5-32}$$

这样，最大化 $P(C_i|X)$，使 $P(C_i|X)$ 最大的类 C_i 称为最大后验假设，根据贝叶斯定理:

$$P(C_i|X) = \frac{P(X|C_i)P(C_i)}{P(X)} \tag{5-33}$$

b. 在求解公式 $P(C_i|X) > P(C_j|X)$ 时，即

$$P(C_i|X) = \frac{P(X|C_i)P(C_i)}{P(X)} > \frac{P(X|C_j)P(C_j)}{P(X)} = P(C_j|X) \tag{5-34}$$

---

① Friedman N, Geiger D, Goldszmidt M. Bayesian Network Classifier [J]. *Machine Learning*, 1997 (2): 131.

此时 $P(X)$ 对上式来说可以看作是常数，只要求出 $P(X|C_i)P(C_i)$ 为最大即可。

一般情况下，如果类的先验概率 $P(C_i)$，对计算结果不构成影响，则可以假设这些类的先验概率是相同的，即：

$$P(C_1) = P(C_2) = \cdots = P(C_m) = 1/m \qquad (5-35)$$

于是，$\max P(C_i|X)$ 可以等价于 $\max P(X|C_i)$。通常，类的先验概率可以用去 t/T 计算概率，t 是类别为 C_i 的训练样本的数量，T 是训练样本总数。

c. 如果某个数据集中对应的属性数量较多，则可以通过假定类条件之间的相互独立来降低的计算复杂度，即对于给定样本的类标签，假设条件属性间是相互独立性的。则：

$$P(X|C_i) = \prod_{k=1}^{n} P(x_k|c_i) \qquad (5-36)$$

其中，概率 $P(X_1|C_i)$，$\cdots$，$P(X_n|C_i)$ 可以由训练样本估计，对于属性 A_k，其值为：

第一，如果 A_k 是离散的，则 $P(x_k|C_i)$ 的值为 A_k 属性的属性值 x_k 的训练样本数与样本总数的比值。

第二，如果 A_k 是连续的，一般情况下，可以利用高斯分布（正态分布）来进行离散化处理。相应的公式可表示为：

$$P(x_k|C_i) = g(x_k, \mu_{c_i}, \sigma_{c_i}) = \frac{1}{\sqrt{2\pi}\sigma_{c_i}} e^{\frac{(x_k - \mu_{c_i})^2}{2\sigma_{c_i}^2}} \qquad (5-37)$$

其中，给定类 C_i 的训练样本属性 A_k 的值，$g(x_k, \mu_{c_i}, \sigma_{c_i})$ 是属性 A_k 的高斯密度函数，$g(x_k, \mu_{c_i}, \sigma_{c_i})$ 中存在三个参数，其中，x_k 表示某个属性，而 μ_{c_i}，σ_{c_i} 则表示该属性值对应的平均值和标准差。

d. 当给未知样本 X 分类，对每个类 C_i，计算 $P(X_i|C_i)P(C_i)$。当且仅当：

$$P(C_i|X) > P(C_j|X), \ 1 \leq i, \ j \leq m, \ j \neq i \qquad (5-38)$$

样本 X 被分派到类别 C_i 中。也就是说，X 被分派到使 $P(X_i|C_i)P(C_i)$ 最大的类 C_i 中。

（4）农产品质量安全预警模型的建立。能够对数据进行智能分析是大数据时代的核心应用。

随着农业大数据时代的到来，构建农产品质量安全智能预警分析系统是大数据条件下农产品质量安全风险分析预警发展的趋势。在云计算、大数据分析技术支持下，从风险的可变性和可控性本质出发，结合大数据背景下农产品供应链数据所呈现的特殊性以及供应链本身所具有的脆弱性和不确定性特征，利用农产品质量安全预警指标体系，实现对风险的实时监控，构建农产品质量安全风险实时监控平台；结合各风险因素之间的潜在关系，对监控与测算结果进行综合分析和评价，获得各风险因素的变化情况和变化规律，对重要的风险进行更多的关注，并及时预警和反馈，不断丰富和更新农产品质量安全风险管理知识库的内容，为及时选择更为有效的风险控制措施提供有价值的依据；根据农产品质量安全风险评估模型和各风险因素指标之间的相互作用关系以及指标的数据类型，利用深度学习等分析方法构建科学合理的基于大数据分析方法的面向整个农产品产业链的质量安全风险预警模型，对农产品质量安全的总体水平进行合理的预测与评价，对潜在的问题和可能的影响进行分析预测；并在此基础上，汇集国家政策标准、气象数据、地域位置等数据，建立基于云计算的预警云模型，提升数据分析速度，使生产决策更科学及时；基于科学的预警模型构建智能预警分析系统，形成一批高质量的、有参考价值及权威性的信息，为政府监管部门能用最有效的控制手段和最优化的资源投入将农产品质量安全风险控制在最小范围内提供数据支持。

①构建农产品质量安全实时监控平台。根据已经构建的农产品质量安全预警大数据平台、农产品安全风险管理知识库以及农产品质量安全风险指标体系的内容，对农产品供应链的每个环节的当前状态进行实时监控，构建农产品供应链实时监控平台，获得各风险因素的实时变化情况，而且能够对重要的风险因素给予更多的关注，能根据实际情况进行警情判断并能够及时采取适当的措施，做出应急响应。

②构建农产品质量安全预警模型。基于农产品质量安全预警大数据平台提供的数据，分别选取一定数量的数据作为训练样本和测试样本，将每个时刻的各风险因素 r_i 作为特征，并根据构建的风险因素评估模型得到其重要度值 w_i，基于此构建风险事件的向量空间模型（r_1，w_1；r_2，w_2；…；r_n，w_n），然后利用信息增益（information gain，IG）方法进行特征选择，利用十折交叉验证方法分别选用支持向量机、朴素贝叶

斯和决策树作为分量分类器进行训练，根据分类器的准确率来调整训练样本的分布，对分类器进行优化，以提高分量分类器的分类正确率，然后，基于各分量分类器利用加权方法进行集成构建总分类器。具体加权方法如下：

$$F(x) = \alpha F_1(x) + \beta F_2(x) + \gamma F_3(x) \qquad (5-39)$$

其中，α，β，γ 分别是支持向量机、朴素贝叶斯和决策树三个分量分类器的权值大小，可以根据各分类器分类 F_1 值大小进行设置，且 $\alpha + \beta + \gamma = 1$；$F_1(x)$，$F_2(x)$，$F_3(x)$ 分别是三个分量分类器的分类函数；$F(x)$ 是总分类器的分类函数。

利用总分类器预测得到的结果进行预警，这里总分类器预测的结果可以把警情分成若干等级（例如，五级，七级），根据警情的不同等级而采取不同的应急措施。

农产品质量安全预警模型的构建过程具体如图 5 - 6 所示。

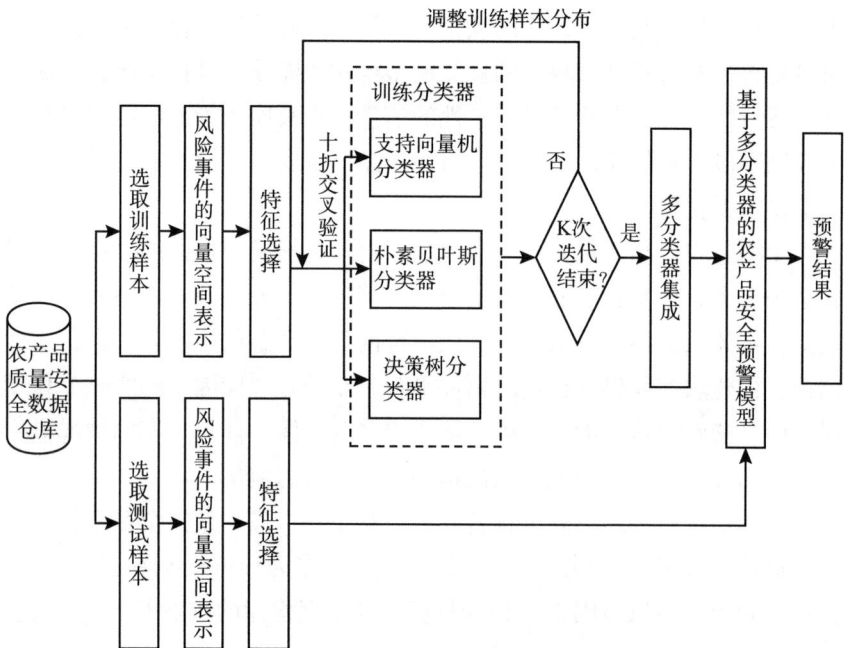

图 5 - 6　农产品质量安全预警模型的构建

三、小　结

随着农业大数据时代的来临，利用物联网、云计算和大数据分析等相关技术来构建基于数据驱动的农产品质量安全智能预警服务体系，是解决当前农产品质量安全预警问题的重要途径，也是大势所趋。要做好农产品质量安全预警工作，必须加快创新思维转换，以数据为驱动力，搭建大数据支撑下的农产品质量安全智能预警平台，实施预警"数据工程"，形成数据思维，充分发挥数据在农产品质量安全预警中的作用，加大数据力量，创新创建未来以数据驱动决策的农产品质量安全预警机制，推进预警工作的现代化进程。

本章首先介绍了我国农产品质量安全预警中存在的问题，然后在此基础上提出了依托物联网技术通过建立健全农产品市场信息网络平台、发展农业物联网信息融合、加强农产品质量安全云平台建设以及建立高效的预警信息交流和预警平台进行农产品质量安全预警网络机制创新、依托大数据分析技术通过构建预警大数据云平台、构建农产品质量安全预警指标体系、进行农产品质量安全影响因素分析以及建立农产品质量安全预警模型对农产品质量安全预警信息机制进行创新。

第六章

基于物联网技术的农产品质量安全预警系统构建研究

一、物联网技术与农产品质量安全预警结合的必要性

伴随信息技术的高速发展，物联网技术和产业异军突起，成为新一轮产业革命的重要发展方向和世界产业格局重构的重要推动力量。在这样的大背景下，党的十八大及时做出了"四化"同步发展的战略决策，把加快发展信息化提升到前所未有的高度。党中央、国务院尤其重视物联网发展。习近平总书记强调，要让物联网更好地促进生产、走进生活。在这样一个大背景下，积极推进农业物联网的应用发展，对促进农业信息化和农业现代化的融合具有重大意义。

另外，我国是农业大国，随着我国人民生活水平的提高，人们对农产品质量安全的要求也越来越高，但是，通过媒体不断爆出的农产品质量安全事件层出不穷，人们也越来越迫切期望能吃到放心的农产品，也使得我国农产品质量安全预警系统的建设显得尤为重要。但要做好农产品质量安全预警就必须要有高质量的、海量的、可靠的、实时的数据，这些数据的获得、传输、处理、存储、分析、安全保障等都必须依靠先进的技术。而农业物联网正迎合了这一需求。

从技术角度来看，农业物联网是指应用射频识别、传感、网络通信等技术设备，按照约定协议，把农业系统中动植物生命体、环境要素、生产工具等物理部件和各种虚拟"物件"与互联网连接起来，进行信

息交换和通信，以实现对农业对象和过程智能化识别、定位、跟踪、监控和管理的一种网络①。从管理角度看，物联网是互联网技术的拓展，通过农业信息感知设备，根据协议授权，使得"人—机—物信息互联互通，帮助人类以更加精细和动态的方式认知、管理和控制农业中各要素、各过程和各系统，提升人类对农业动植物生命本质的认知能力、农业复杂系统的调控能力和农业突发事件的处理能力，也是物联网技术应用需求最迫切、难度最大、集成性特征最明显的领域。因此，农业物联网可以为农产品质量安全预警提供必要的数据来源和数据处理工具，物联网在农业中的应用也必定能够促进农产品质量安全预警的新发展，满足新时期农产品质量安全预警提出的新要求。

二、基于物联网技术的农产品质量安全预警系统架构

农产品质量安全问题已成为目前农业发展的一个主要矛盾。农药、兽药、饲料和添加剂、动植物激素等农资的使用，为农业生产和农产品数量的增长发挥了积极作用，也给农产品质量安全带来了隐患。农药残留、兽药残留和其他有毒有害物质超标造成的餐桌污染不仅损害了消费者和生产者的利益，也对整个农业产业的健康以及农业的可持续发展带来了严重的负面影响。其主要是因为在工作中缺乏对农产品质量安全事件的风险评估和潜在问题的发现，从而导致问题的积累直至最终安全事件的爆发。因此，加快建立预警系统的速度就成为避免和预防此类农产品质量安全事件发生的客观要求。

农产品质量安全预警主要通过对农产品质量安全管理运行状况和发展态势的调查和分析，对可能出现的问题提前发出警告，使政府有关部门和机构、相关企业和生产者及时采取对策，解除警患，避免出现重大的食品安全事件给人民生命健康造成损失。农产品质量安全预警的实现主要依靠预警系统的建立和运行。预警系统是指应用预警理论和其他专业数据处理工具、预测模型等来完成特定预警功能的系统。农产品质量

---

① 许世卫：《农业大数据与农产品检测预警》，载《中国农业科技导报》2014 年第 5 期，第 14～20 页。

预警系统就是应用相关预警理论，根据农产品质量安全的发生、发展规律和特点，分析其危害程度和可能的发展趋势，评价各种风险状态偏离预警线的强弱程度，向决策层发出相应级别的预警信号并提前采取预控对策的系统。

农产品质量安全预警系统是农产品质量安全预警体系的重要组成部分，它涉及农产品质量安全监测、预警发布及应急处理的所有功能。因此，农产品质量安全预警系统的构建应全面考虑到各地的实际情况，紧密结合农产品质量安全预警指标体系的评估结果，进行预警分析、警情预报，并发布相应的应急处理方案，以最终达到预警的效果，将农产品质量安全事故可能造成的损失降到最低限度。

1. 农产品质量安全预警系统构建目标

农产品质量安全预警系统是从实际情况出发，综合应用数理统计、趋势分析、数据挖掘、关联规则发现、预测、预警等理论与技术，在各级农产品质量检测机构/监管机构的日常监测数据的基础上，结合我国农产品质量安全技术标准和相应的法律法规等要求，建立农产品质量安全信息数据库，利用计算机技术和网络技术，通过关联规则发现、统计分析及趋势预测，建立健全资源配置合理、组织集成度高、系统反应灵敏的农产品质量安全突发性事件应急预警机制，实现对农产品质量安全整体状态的实时评估，并发布相应的预警信息，为农产品质量安全管理提供科学的决策依据，不断完善农产品质量安全应急管理案例库，为能在预警系统发出预警信息时自动地进行对策应答提供数据基础，并为培养一批高质量的预警人才、提高整体预警能力提供数据准备，为最大限度地降低农产品质量安全事故带来的经济和社会损失奠定基础。

构建的农产品质量安全预警系统严格按照国内外先进的食品安全风险分析理论方法，结合当地农产品质量安全现状、农产品质量安全法律法规、技术标准及其他管理规定，以及提出的基于高精度拟合模型的农产品质量安全预警模型，建立能确保农产品在种植、生产加工、流通和消费等各环节中的安全性。在各级农产品质量安全监测点提供的监测数据的基础上，并对历年收集的有关农产品质量安全的监测资料进行统计分析和深度挖掘，实时、主动地对该地区农产品质量安全现状进行综合评价，发现并集中处理存在的问题，确定其性质、影响范围及严重程度，然后结合农产品质量安全应急管理预案，提出相应的控制措施，为农产品质量安全监管部门提供科学的决策依据和技术支持。

2. 系统总体结构

从农产品质量安全预警系统的功能实现来看，农产品质量安全预警系统主要包括五个部分：数据采集子系统、评价指标子系统、预警分析子系统、应急响应子系统及商务智能子系统，如图 6 - 1 所示。其中，数据采集子系统为评价指标子系统、预警分析子系统、应急响应子系统及商务智能子系统提供数据支撑和决策依据；评价指标子系统为预警分析子系统提供影响农产品质量安全的指标；预警分析子系统则是在农产

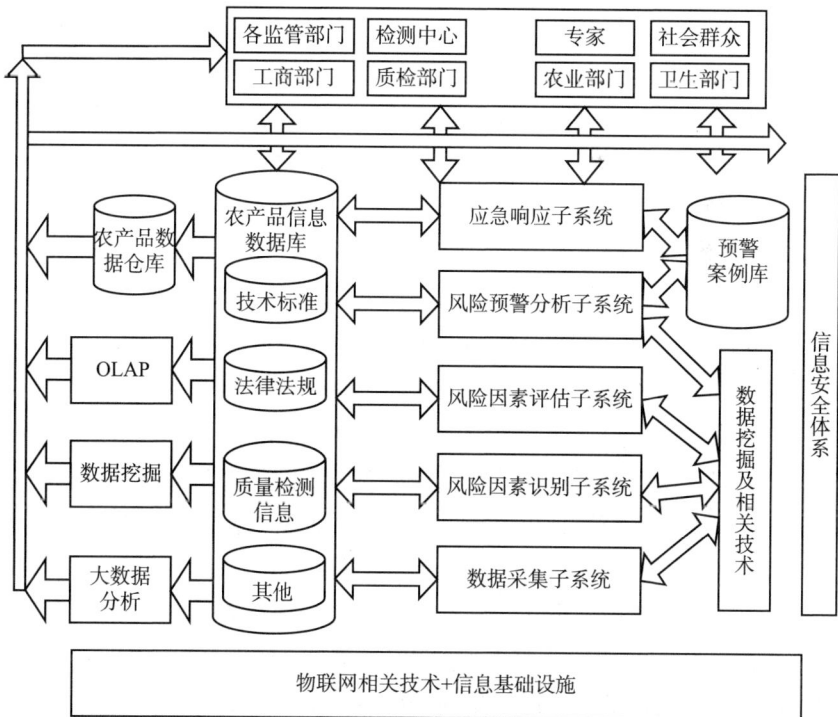

图 6 - 1　农产品质量安全预警系统结构

品质量安全数据库提供的基础上，经过数据筛选、数据检测，利用提出的预警模型，结合农产品质量安全专家的评估意见给出警情判断结果，并将预警信息更新至预警对策案例库中；应急响应子系统是在预警分析系统作出的警情判断的基础上，结合农产品质量安全数据库提供的数据信息和预警对策案例库中的对策及相关的法律法规、技术标准，作出科学的决策，并将其更新至预警对策案例库中；商务智能子系统是在构建的农产品信息数据库的基础上，通过构建农产品数据仓库、进行 OLAP分析及数据挖掘功能实现对信息的深层次挖掘，为相关部门提供决策支持，并能在发生农产品质量安全事件时迅速找到事件发生的根源提供帮助，为构建农产品质量安全追溯系统奠定基础。

在图 6-1 中，物联网相关技术为农产品质量安全预警提供数据支持，可以利用各种传感器、网络传输设备等获取来自农产品产地、运输过程、储存过程、销售过程等全过程链的质量安全信息以及来自相关检测部门的检测数据及各种标准和法律法规；信息基础设施层负责为农产品质量安全预警系统提供安全的信息网络基础，保证各子系统之间的信息传递；农产品信息数据库则是整个预警系统的数据基础，其中所包含的数据的有效性和实时性直接影响着预警效果，也是构建农产品数据仓库、进行在线联机分析 OLAP、数据挖掘和大数据分析的直接数据来源；风险因素识别子系统是对采集的数据进行预处理，从各种数据指标中提取风险因素，对每种因素促成风险的可能性进行评估，构建风险预警指标体系；风险因素评估子系统是对各种风险因素进行自动评估，找到重要的风险因素，以便对重要的风险因素进行重点监控提供可能，并为风险预警分析子系统和应急响应子系统提供评价依据；预警分析子系统是在农产品质量安全数据库及风险因素识别和风险因素评估子系统的基础上，运用数据挖掘模型自动预警和专家知识经验预警两种方法对农产品质量安全状态进行警情分析；应急响应子系统是在预警分析结果的基础上进行警情判断、应急响应和总结评价。总结评价是在应急反应的基础上，一方面，对于已经发布的农产品质量安全预警的可靠性和实时性进行评估，分析影响预警信息有效性的因素，并加以总结归纳；另一方面，对于已经采取的农产品质量安全应急预案实施效果评价，评价应急预案的有效性，并不断进行改善，提高农产品质量安全预警的效率。而且，可以通过总结评价不断更新和维护农产品信息数据库及预警对策案例库的内容，为培养一批高质量的预警人才、提高整体预警能力提供数据支持。

3. 系统功能分析

构建农产品质量安全预警系统主要有两种功能：一是要预防农产品质量安全事件的发生；二是能够及时地采取相应的对策，对已发生的农产品质量安全事故进行有效的控制，减少因农产品质量安全事件的发生给人民的生命财产带来的损失，维护整个社会的和谐与安定。

（1）预防功能。预防功能主要是在数据和信息的整理与分析的基础上，对可能发生的农产品质量安全风险进行预测预报，评估农产品质量安全的状况及变化趋势，从而采取各种预防性措施，将可能发生的农产品质量安全问题扼杀在萌芽状态。通常情况下，农产品质量安全预警系统的预防功能主要包括以下三个方面：

第一，数据的整理与分析功能。

农产品质量安全相关数据是进行风险分析和预警发布的基础。而数据的获取既离不开消费者方面所了解的农产品质量安全信息，也离不开农产品质量监管部门所提供的标准规范数据及相关的法律法规，以及农产品在生产过程中的土壤信息、投入品质量信息、运输过程、储存过程和销售过程中的各种质量安全信息等。所以，农产品质量安全预警系统要能够利用现有的传感技术、网络技术等定期收集、汇总、整理、分类规范农产品质量安全的相关信息，通过统计分析，使相关监管部门及消费者能够及时了解农产品质量安全的基本状况，为监管部门制订统一的监管政策提供科学的依据。

第二，监测和检测功能。

农产品质量安全事件发生的领域、时间及可能造成的后果都具有极大的不确定性，在事件发生后，短时间内很难弄清事件发生的确切原因及确切来源，从而会给民众心理上造成一定的恐慌。农产品质量安全预警系统在收集和分析监测资料的基础上，可以通过 LDA 主题模型、主成分分析及权值计算，寻找和检测农产品生产、加工、流通和消费过程中的主要的不安全因子，构建农产品质量安全预警系统的预警指标体系，对农产品质量不安全可能引发的食源性疾病、疫病流行以及可能发生的农产品质量安全事件等现象进行预测，并在必要的时候将所掌握的基本概况及警情及时地告知大众，降低可能的损失和风险。

第三，预警发布功能。

通过权威的信息传播媒介和传播渠道，向社会公众快速、准确、及时地发布各类农产品质量安全信息，实现农产品质量安全信息的快速、顺畅的传递，使消费者能够及时、稳定地获取充足且有价值的农产品质量安全信息。农产品质量安全预警信息的发布，一方面可以在无形中不断加强消费者对农产品质量安全问题的重视程度，不断提高其自我保护意识，减少农户的逆向选择行为，提高农户的安全生产的意识；另一方面可降低社会获取农产品质量安全信息的成本，促进农产品质量安全预警体系的完善。

（2）控制功能。农产品质量安全预警系统的控制功能主要是对农产品质量安全中存在的风险进行化解，以期对农产品质量安全产生的危险实施有效的掌握和控制，即我们通常所说的应急预案功能。在预警信息发布以后，当地相关部门根据所统计的农产品质量安全相关信息分析产生农产品质量安全问题的实时情况，及时采取应对措施，对农产品市场中的不安全农产品进行有效控制，减少农产品质量安全事件的发生，并能够及时丰富和更新农产品预警对策案例库的内容，为实现预警自动化、提高农产品质量安全预警能力提供数据支持。

农产品质量安全预警系统通过全面掌握相关环节和因素，协调各有关部门、机构的工作，形成综合性的预防和控制体系，是人们实现超前管理的有效工具，可实现对农产品质量安全问题的提早发现、及时解决，从而减少不必要的损失。

综上所述，预防是在农产品质量安全问题未形成时进行的早期干预，控制是在已经发生了风险，使风险可能造成的危害降到最低所应该采取的措施。基于以上考虑，预防和控制是农产品质量安全预警系统两大不可缺少的功能。

4. 详细功能介绍

（1）数据采集子系统。数据采集子系统是预警分析的信息来源，是预警分析的基础，是整个预警机制得以准确分析、快速作出反应的前提。只有食品安全数据库提供及时、准确、完整的数据来源，才能保证预警分析的有效性和可靠性。该数据库通过应用总体网络管理技术、安全监测技术、网络防病毒技术、防火墙技术和网络备份技术构建了一个统一、高效、安全的信息交流通道和数据中心，并通过主机托管和虚拟主机提供服务，以此来构建农产品质量安全信息的交流和共享平台。

①数据来源。从整个供应链来看，山东省的农业主管部门收集初级农产品的相关质量安全信息主要通过以下途径：对水果蔬菜的农药残留进行定期或不定期的抽样检测，建立果蔬农药残留监测监控网络体系；对农资市场的贮藏、运输和加工等各个环节进行动态检测；对土壤肥力进行调查和监测；对无公害农产品产地进行管理；建立初级农产品安全预警信息网络平台。

质检主管部门对农产品生产加工环节的相关信息收集，主要通过以下途径完成：实行农产品生产企业巡查、回访、年审、监督抽查相结合的监管制度；对新资源农产品、食品添加剂和食品包装材料等进行重点检查；对重点农产品实行市场准入制和严格的农产品安全检测；建立起生产过程农产品安全信息网络平台。

卫生主管部门对于餐饮业和食堂等消费环节的数据收集主要通过以下途径：学校、食堂的食物性中毒事件的相关数据；定期和不定期检查饭店、宾馆、大排档等餐饮业的食品卫生状况以及环境卫生情况；建立餐饮业、食堂等消费环节信息网络平台。

工商主管部门负责收集农产品流通环节的相关信息，对农产品流通环节的相关信息的收集主要通过以下途径：要求农副产品批发市场建立农药残留快速检测中心；要求农产品流通企业建立农产品安全检测中心；通过相关中介机构、政府部门（工商局）对超市、农副产品批发市场等食品流通场所进行定期和不定期的抽样检查；建立流通环节农产品安全监督网和农产品流通信息网络平台。

食品药品监督局数据收集的主要途径：信息源系统数据的收集主要来自农业局、质监局、工商局、卫生局等各个分管机构的数据信息汇总上报；建立农产品安全信息网络和重点企业的农产品安全信息监测网络总平台。各分管机构所掌握的数据资源应当通过食品药品监督管理局的食品安全信息平台得到共享。

因此，为了保障农产品质量安全，应该收集来自农业局、质监局、工商局、卫生局等各个部门的数据信息，以保障农产品从"农田到餐桌"过程中的安全性。

然而，单纯的统计数据和检测报告并不能直接反映出农产品的安全性，在保障农产品的质量安全的过程中，还需要借助一定的法律法规和技术标准等进行判定，如国家食品安全专项课题下的研究成果、各级政府筹资建立的标准数据库以及为食品行业提供信息服务的公共平台数据库等。因此农产品质量安全数据库中还应该包含相应的食品安全法律法规、食品安全技术标准以及动植物疫情事故报告等信息。

②数据库结构。数据支持是决策支持的最低层次，也是农产品质量安全预警决策的重要基础和来源。数据库系统中组织了涉及农产品质量安全有关的数据，包括主要污染数据、行业标准、法律法规、农村经济、农产品贸易、农业气象、农业产品价格和其他数据库。根据食品安全对食品相关指标的监测要求，数据库中主要包含与农产品质量安全监测相关的所有信息，如最新的农产品质量安全监测技术、各农产品质量安全组织管理机构的职责、全面的农产品质量安全预警理论和方法以及农产品质量安全专家资源等信息，数据库中所提供的各类数据和技术标准、知识信息，能够为农产品质量安全评估专家或系统实施数据仓库技术、在线联机分析 OLAP 和数据处理技术和元数据管理技术提供相应的数据分析基础，将它们的分析结果应用于预警和数据仓库的建设，以及预警对策案例库的完善过程中，为农产品质量安全提供同期评价和下期预警的操作提供科学的数据支持。

③物联网相关技术保障。农业物联网感知层是农业物联网获取农产品生产信息的关键手段，也是人类了解作物需求的探测器。先进的传感仪器将是推动农业物联网发展的关键因素；农业物联网传输层是确保农产品质量安全信息能够被实时、动态地获取的关键技术之一，是农产品

质量安全信息传递的载体。由于农作物生长环境复杂,不仅气候对无线通信有影响,而且随着作物生长状况的不断变化也容易对无线传输产生严重的影响。物联网安全技术体系也是农产品质量安全信息能够正常处理、分析的保障。

(2)风险因素识别子系统。在物联网技术支撑下,可以获得海量的农产品质量安全相关信息,而在大数据环境下,农产品供应链中的农产品质量安全风险因素众多且异构,且数据的多样性、稀疏性、实时性更强。基于以上这些特点,我们要基于农产品质量安全数据仓库,结合机器学习和数据挖掘技术对海量信息进行深层次挖掘,进一步识别供应链中潜在的风险因素,并对各风险因素指标按照语义相似性进行归纳分类,分析其产生的原因及特性,构建农产品质量安全风险因素自动识别模型,建立农产品供应链风险因素自动识别系统,实现对各种风险因素的自动判别,最终形成农产品质量安全风险指标体系,建立农产品质量安全风险管理知识库,进而实现对农产品质量安全风险因素的实时监控和自动匹配,以及时采取相关措施。

(3)风险因素评估子系统。风险因素评估子系统主要包括风险指标评价和风险指标筛选两部分,在对风险评价指标进行筛选时,不仅要针对具体的评价对象和评价内容进行分析,还必须采用科学的筛选方法对指标所隐含的信息进行分析,剔除不需要的指标,简化风险指标体系。

①风险指标评价。常用的风险指标评价方法主要有专家调研法、条件广义方差极小法,极大不相关法和最小均方差法、主成分分析法等。

在系统综合评价过程中,经常面临多变量大样本的分析,变量间存在共线性,增加了分析的复杂性。若分别分析各个指标,分析有可能是孤立的,而不是综合的;盲目地减少指标又有可能损失很多有价值的信息,得出错误结论。如果要达到既减少了指标的数量,又能反映原资料大部分的信息,通常采用主成分分析法和因子分析法,在本书中我们采用了主成分分析法进行指标的筛选。

主成分分析法(principal component analysis)是将分散在一组变量上的信息,集中到某几个综合指标(主成分)上的一种探索性统计分析方法。它利用降维的思想,将多个变量化为少数几个互不相关的主成分,从而描述数据集的内部结构。

记原来的变量指标为 x_1，x_2，$\cdots$，x_p，它们的综合指标，即新变量指标为 z_1，z_2，$\cdots$，z_m（$m \leq p$），则

$$\begin{cases} z_1 = l_{11}x_1 + l_{12}x_2 + \cdots + l_{1p}x_p \\ z_2 = l_{21}x_1 + l_{22}x_2 + \cdots + l_{2p}x_p \\ \cdots \\ z_m = l_{m1}x_1 + l_{m2}x_2 + \cdots + l_{mp}x_p \end{cases} \qquad (6-1)$$

其中，z_1，z_2，$\cdots$，z_m 分别称为原变量指标 x_1，x_2，$\cdots$，x_p 的第一，第二，$\cdots$，第 m 个主成分，在实际问题分析中，常挑选前几个最大的主成分。系数 l_{ij} 的确定应符合以下原则：

第一，z_i 与 z_j（$i \neq j$，i，j = 1，2，$\cdots$，m）不相关；

第二，z_1 是 x_1，x_2，$\cdots$，x_p 的所有线性组合中方差最大者，z_2 是与 z_1 不相关的 x_1，x_2，$\cdots$，x_p 的所有线性组合中方差最大者；$\cdots$；z_m 是与 z_1，z_2，$\cdots$，z_{m-1} 都不相关的 x_1，x_2，$\cdots$，x_p 的所有线性组合中方差最大者。

确定主成分就是确定原来变量 x_j（j = 1，2，$\cdots$，p）在主成分 z_i（i = 1，2，$\cdots$，m）上的载荷为 l_{ij}（i = 1，2，$\cdots$，m；j = 1，2，$\cdots$，p）。它们分别是 x_1，x_2，$\cdots$，x_p 的相关矩阵的前 m 个较大特征值所对应的特征向量。根据上述思想，可以按照以下步骤进行主成分分析：

步骤1，计算相关系数矩阵。

$$R = \begin{bmatrix} r_{11}, & r_{12}, & \cdots, & r_{1p} \\ r_{21}, & r_{22}, & \cdots, & r_{2p} \\ & & \cdots & \\ r_{p1}, & r_{p2}, & \cdots, & r_{pp} \end{bmatrix}$$

其中 $\qquad r_{ij} = \dfrac{\sum\limits_{k=1}^{n}(x_{ki} - \overline{x_i})(x_{kj} - \overline{x_j})}{\sqrt{\sum\limits_{k=1}^{n}(x_{ki} - \overline{x_i})^2 \sum\limits_{k=1}^{n}(x_{kj} - \overline{x_j})^2}}$ $\qquad (6-2)$

步骤2，计算特征值与特征向量。

通过求解特征方程 $|\lambda I - R = 0|$，得到 R 的特征值 λ_j（j = 1，2，$\cdots$，p），并使其按照大小顺序排列，即 $\lambda_1 \geq \lambda_2 \geq \cdots \geq \lambda_p \geq 0$。再分别求而出对应于特征值 λ_i 的特征向量 e_i（i = 1，2，$\cdots$，p），并有

$$\sum_{j=1}^{p} e_{ij}^{2} = 1 \tag{6-3}$$

其中，e_{ij} 表示向量 e_i 的第 j 个分量。

步骤 3，计算主成分贡献率及累计贡献率。

计算主成分 $z_i (i = 1, 2, \cdots, m)$ 的贡献率，公式如下：

$$v_1 = \frac{\lambda_i}{\sum\limits_{k=1}^{p} \lambda_k} \tag{6-4}$$

累计贡献率计算公式如下：

$$v_2 = \frac{\sum\limits_{k=1}^{i} \lambda_k}{\sum\limits_{k=1}^{p} \lambda_k} (i = 1, 2, \cdots, p) \tag{6-5}$$

特征值 $\lambda_1, \lambda_2, \cdots, \lambda_m$ 所对应的为第 1，第 2，…，第 $m(m \leqslant p)$ 个主成分。

步骤 4，计算主成分载荷 $l_{ij} = p(z_i, x_i) = \sqrt{\lambda_i} e_{ij} (i, j = 1, 2, \cdots, p)$ 然后，计算出各成分的得分：

$$Z = \begin{bmatrix} z_{11}, & z_{12}, & \cdots, & z_{1m} \\ z_{21}, & z_{22}, & \cdots, & z_{2m} \\ & & \cdots & \\ z_{n1}, & z_{n2}, & \cdots, & z_{nm} \end{bmatrix} \tag{6-6}$$

②指标筛选。指标的权重是综合评价的重要信息，它是由评价因子的社会价值、决策者的管理目的、评价者的个人知识等多种因素决定的。目前常用的权重的确定方法很多，一般可将其分成主观赋权法、客观赋权法、组合赋权法及交互式赋权法 4 大类。以主观赋权法为例，说明系统评价指标权重的确定过程。

主观赋权法也称专家赋权法，是由评价者（或决策者）根据自己的经验或偏好及对各指标（或属性）的相对重要程度确定权重的一类方法，主要有二项系数法、专家调查法、集值迭代法、点估计值法、区间映射法、环比评分法、比较矩阵法、属性重要性排序法及层次分析法等。主观赋权法研究比较成熟，这些方法的优点是能够比较好地反映研究对象所处的背景和评价者本身的意图，但所需要的各项指标的权重系数的准确性高低有赖于专家的知识经验的积累程度，反映了决策者的意向，因而具有较大的主观随意性。表 6 - 1 是蔬菜种植地农产品质量安全综合评价指标体系的例子。

表 6 - 1　　　　蔬菜种植地农产品质量安全评价指标体系

	一级指标	二级指标	权值
蔬菜种植地农产品质量安全综合评价指标体系	土地使用情况	C1 种植地历史安全性	0.2410
		C2 潜在危害控制	0.1205
	土壤分析检测情况	C3 农药残留控制	0.0259
		C4 重金属控制	0.0136
		C5 营养成分	0.0743
		C6 结构条件适宜性	0.0778
	灌溉用水情况	C7 水源充足性	0.1073
		C8 水质适宜性	0.0497
		C9 微生物含量适宜性	0.0559
		C10 污染控制情况	0.0204
	环境问题管理	C11 周围环境情况	0.0868
		C12 生态环境保护	0.0462
		C13 资源保护状况	0.0164
	基地管理系统有效性	C14 技术管理状况	0.0062
		C15 标识和可追溯性管理	0.0103
		C16 肥料使用情况	0.1778
		C17 作物保护情况	0.0299

　　主观赋权法虽然反映了评价者（或决策者）的主观判断或直觉，但在综合评价结果或排序中可能受到评价者（或决策者）的知识或经验缺乏的影响，具有一定的主观随意性。而在客观赋权法中，决策者无任何信息，这是各个目标根据一定的规则进行自动赋权的一类方法，如主要成分法、熵技术法、多目标规划法等，客观赋权法虽然能够利用比较成熟的数学工具，具有较好的数理基础，但却忽视了决策者的主观信息，而此信息对于实际应用的许多评价或决策问题来说非常重要。于

是，有学者又提出了综合主、客观赋权法的组合赋权法，主要有：方差最大化赋权法、目标规划法、最佳协调赋权法、组合最小二乘法及离差平方和法。

（4）风险预警分析子系统。预警分析子系统是整个预警系统的关键与核心部分，将直接影响着农产品质量安全预警的质量和效率。从预警体系的功能模块来看，农产品数据采集子系统可以作为整个体系的输入端，而预警分析系统则是输出预警结果的一端。它把来源于农产品质量安全监测数据通过一定的预警分析方法，为应急反应系统提供判断依据，在整个预警机制中起着承前启后的作用。

农产品质量安全预警分析子系统主要包括通过预警模型进行预警和通过专家经验进行预警两种形式。利用预警模型进行预警方式主要是通过统计数据和限定条件，利用先进的计算机技术和网络技术以及提出的基于高精度拟合模型的农产品质量安全预警模型进行理论计算，并得出分析结果，并将分析结果作为丰富预警对策案例库的重要内容。

对于不能很好地应用模型预警的情况，则可以采取专家经验预警，利用专家们的实际经验、专业知识积累和科学研究成果，进行警情判断和评估，预测农产品质量安全趋势。专家经验预警和预警模型预警的相互补充，既可以通过应用预警模型预警减轻专家组的工作量，又可以利用专家预警解决单纯模型预警不能解决的问题，扩大了农产品质量安全预警的范围，保证了农产品质量安全早期预警的分析质量。由于农产品质量安全问题涉及面广，所要应用到的专业知识复杂，因此，要建立一支稳定的、具有丰富实践经验的、且涉及多领域多专业资深农产品质量安全预警专家群体，并明确专家的责任和分析评估程序，而预警对策案例库则为预警专家的培养奠定了基础。

（5）应急响应子系统。应急响应子系统主要是根据预警分析子系统的评估结果作出应急反应的系统，因此，该系统输出的是农产品质量安全应急预警控制指令，也根据预警分析的输出结果采取预警发布机制、应急预案机制等决策方案。通常情况下，预警分析的结果有两种情况：一是农产品质量安全状态正常，无警情；二是农产品质量安全状态出现危机，有警情，需要采取相应的调控措施予以应对。在无警情的情况下，应急响应系统不需要采取任何措施，只需要继续正常运行即可；

在有警情的情况下，则可能需要根据警情的严重程度采取预警信息发布机制，启动相应的应急预案机制。因此，应急响应系统在得到预警分析系统的评估结果后，首先要进行警情判断，评定可能发生的食品安全事故的等级，然后进行分级响应。

根据警情指标变量的数量变化区间，我们可以将农产品质量安全预警划分为无警、轻警、中警、重警和巨警五个等级，因此，在启动应急预案的过程中，也要按照警情的严重程度分别发布不同的预警信息，并分别采取 I 级应急响应，II 级应急响应，III 级应急响应，IV 级应急响应。

应急响应子系统可以包括通报制度和信息发布制度。

根据通报层级关系可以分为从下往上的预警和从上往下的预警。从下往上：各级分管机构（农业、质检、工商、卫生）向本级食品药品监督管理局的通报和向上级相应各分管机构（农业、质检、工商、卫生）的通报。从上往下：食品药品监督管理局向本级各分管机构（农业、质检、工商、卫生）的通报和向下一级食品药品监督管理局的通报。

农业、质检、工商、卫生等部门对于分管环节的农产品质量安全预警系统的 A 类预警，可以自行进行处理，同时将预警信息报送本环节上级部门和本级食品药品监督管理局。农业、质检、工商、卫生等部门对于分管环节的农产品安全预警系统的 B 类预警，应当先行采取快速反应机制，然后在预警信息报送本环节上级部门和本级食品药品监督管理局之后，听从本环节上级部门和本级食品药品监督管理局的统一部署。

食品药品监督管理局作为食品安全的综合监督、组织协调部门，应对食品安全预警机制的宏观调控和综合监督。各县市分管机构将发现的有缺陷、有重大安全问题的食品以及重大食品安全事故通报上传到食品药品监督管理局的可读数据库。食品药品监督管理局通过电子邮件接收上传的信息，并根据特定的标准进行汇总分析，以决定信息传播的程度。食品药品监督管理局将通报上传到食品安全信息检测网络总平台，各分管的职能部门都可以通过该网络下载上传通报的电子文本。对于重大的食品安全事故，应及时通报给省食品药品监督管理局，在省食品药品监督管理局作出相应预警后，将信息通过网络平台通报给各分管机构。

（6）商务智能子系统。商务智能子系统是在构建的农产品信息数据库的基础上，将来源于不同数据库中的农产品质量安全信息经过抽取、转换和装载的过程，合并到农产品数据仓库中，在此基础上利用合适的查询和分析工具、数据挖掘工具、OLAP 工具等对农产品信息进行深层次分析和处理，最后将获得的知识呈现给相关部门，为相关部门的决策过程提供支持。并能在发生农产品质量安全事件时迅速找到事件发生的根源提供帮助，为构建农产品质量安全追溯系统奠定基础。

①构建农产品质量安全数据仓库。利用农产品数据仓库系统可以提供标准报表和图表展示功能，而且也支持多维分析（即通过将实体的属性定义成维度，使用户能方便地从多个角度进行分析、汇总、计算数据，增强了数据的分析能力，通过对不同维度数据的比较和分析，增强了信息处理能力。多维分析是数据仓库系统在决策分析过程中非常有用的一个功能），并能在数据仓库的基础上进行数据挖掘，可以针对农产品质量安全的整体状况和未来前景作出较为完整、合理、准确的分析和预测。

②利用农产品质量安全数据仓库进行 OLAP 分析。联机分析处理（on line analysis processing，OLAP）是一种软件分析技术，它使分析人员能够迅速、一致、交互地从各个方面观察信息，以达到深入理解数据的目的。OLAP 分析是指对以多维形式组织起来的农产品质量安全数据采取切片、切块、旋转、下钻/上探等各种分析动作，以求剖析数据，使使用户能从多个维度、多个侧面了解数据仓库中的数据所蕴含的信息，从而深入地挖掘隐藏在数据背后的隐含信息。我们可以利用建立起来的农产品数据仓库，利用 OLAP 数据分析方法从多个不同维度了解农产品质量安全情况，以及其发展情况。

③对农产品质量安全数据进行数据挖掘，找到隐藏的知识。数据挖掘是一种挖掘性质的数据分析，它能够自动发现隐藏在大量数据中的模式等有价值的知识，并且可以利用这些知识进行有效的预测分析，在社会的各个领域都得到了很好的应用和发展。我们可以将收集到的大量农产品质量安全数据通过各种成熟的数据挖掘算法，如分类模型发现、聚类、关联规则发现、序列分析、偏差分析、数据可视化等进行处理，以得到这些数据中隐含的知识，并用于相关部门的监管、检验检测、质量安全水平预警、应急处理过程中，以辅助他们进行科学决策。

④对海量农产品质量安全数据进行深层次大数据分析，满足决策需

求。由于农业数据涉及耕地、播种、施肥、杀虫、收割、存储、育种等各环节，融合了农业地域性、季节性、多样性、周期性等自身特征后产生的来源广泛、类型多样、结构复杂、具有潜在价值，并难以应用通常方法处理和分析的数据集合，保留了大数据自身具有的规模巨大、类型多样、价值密度低、要求精度高、处理速度快和复杂度高等基本特征。随着海量信息的爆发，农业跨步迈入大数据时代。统一数据标准和规范，以农业信息的标准和规范为基础，以现代信息技术为手段，收集并整理的产前、产中、产后各环节的基础精准数据，构建农业基准数据，推动数据的离散化、标准化，并综合利用农业大数据的相关技术，进行农业大数据平台建设，对农业大数据进行智能分析、处理和可视化展示，并将所得结果应用到农业的各个环节，才能更好地推动我国传统农业向现代农业的转型，助力我国农业信息化和农业现代化融合。因此，对农业数据进行大数据分析，深层次挖掘内部的各种风险因素之间的关联性、因果关系、变化规律、变化趋势等，以满足各个管理监督部门在决策上的需要都具有十分重要的意义。

三、小　　结

本章首先介绍了物联网技术和农产品质量安全预警系统结合的必要性，接着介绍了基于物联网技术的农产品质量安全预警系统的体系结构，并详细介绍了系统构建目标、系统总体结构、系统的功能分析和详细功能。

第七章

构建农产品质量安全预警体系的对策

一、农产品质量安全预警体系存在的主要问题

1. 农产品质量安全预警网络不健全，监管手段落后

到现在为止，山东省仅有一半的地级市成立了农产品质量安全监管行政机构，并由相关事业单位承担相关执法职能。乡、镇、县级还没有建立农产品质量安全监管机构和监管人员，农产品质量安全监管应该是源头监管，而市级的农产品质量安全监管是农产品质量安全监管的空中楼阁，形成了农产品质量安全的真空地带，还没有形成乡镇、县、市、省四位一体的农产品质量安全监管网络体系。

另外，山东省农产品质量安全检测与监管技术落后，技术标准科技含量低，缺乏先进的检测技术与仪器设备，不能全面采用危险性评估技术和控制技术，没有对化学性和生物性危害的暴露评估和定量危险性评估，对一些新型食品添加剂、包装材料、农药残留等缺乏研究与评估，还存在技术门槛。实际上，早在 10 年前，中国就已经明令禁止在食品中使用苏丹红，但是，由于各质检单位根本不具备检测苏丹红的设备和能力，最后导致了"苏丹红事件"的发生。多残留方法检测农药残留技术落后，美国 FDA（食品药品管理局）可以检测 360 多种农药，德国可检测 300 多种农药，加拿大可检测 250 多种农药，而山东省尚缺乏

测定上百种农药的多残留分析技术、气质联用仪与等离子质谱仪等先进仪器，还未能在农产品安全检测上发挥作用。

2. 农产品质量安全管理体制不通畅

我国的加工农产品质量安全管理体制除了农业生产过程以外，产前产后的链条被割断，整个系统涉及许多部门。在各监管部门的职责分工上，是以一个监管环节由一个部门监管，采取"分段监管为主、品种监管"为辅的方式。农业部门负责初级农产品生产环节的监管，质检部门负责食品生产加工环节的监管，工商部门负责食品市场环节的监管，卫生部门负责餐饮业和食堂等消费环节的监管，食品药品监管部门负责对食品的综合监督、组织协调和依法组织查处重大事故。这种多头管理的格局使得主管部门具有的管理权限与所承担的责任不对称、不匹配、难落实，降低了管理效率。

3. 农产品质量安全预警体系不完善

尽管我国已经建立了农产品质量的标准体系检测体系、监管体系和产品认证体系，在执法监管、机构建设、检验检测等方面工作上取得了较好的成绩，但是，农产品质量安全预警体系仍然不完善，没有形成统一的有关农产品质量安全的信息管理机制，而且农产品质量安全是由不同部门分段监管的。这种分段监管制度将已有的农产品质量安全风险信息资源分散在不同的职能部门，从农田到餐桌，农产品的质量安全预警需要经过不同体系的考验，环节之间缺乏风险信息的有效传递和交流，并造成了大量数据的浪费和重复监测。虽然各部门有一些监测和检测机构，做了大量监测和检测工作，但是由于不同部门之间存在职能分割，农产品安全信息没能形成跨部门的统一收集分析体系，造成所发布的信息缺乏统一协调性，不能做到信息共享，降低了信息的权威性，发布的信息缺乏权威性的分析，预测分析不足，降低了信息的指导性。而且，由于没有统一机构协调食品安全相关信息的通报、预报和处置，政府主管部门对潜伏的危机信息掌握不及时、不全面，导致在危机酝酿阶段政府监管部门无能为力。

4. 农产品质量安全预警缺少相应的配套法规

在已有的法律法规条文中，有管理真空的出现，缺乏农产品质量安全应急处理机制、农产品质量安全风险评价制度、农产品质量安全信用制度。在对农产品质量安全检测、监管的具体工作中，根本性的问题就是对于检测到的不合格农产品如何处置，如何销毁，产地如何确认、如何溯源等问题仍然存在法规的盲区，为执法和监管工作带来了难题。

5. 农产品质量安全预警人才匮乏

农产品质量安全预警工作是专业技术性很强的工作，不仅要懂得相关的农产品质量安全监管的法律法规，还要懂得农产品质量安全检测相关的技术，涉及农产品、饲料、兽药、畜禽产品、化肥环境等，所以，农产品质量安全预警工作是一项综合性、复杂性的工作，只有既懂得农产品质量安全监管相关法规，又懂得相关专业技术的人员才能够胜任，农产品质量安全预警专业人才匮乏是非常现实性的问题，因此，构建完善而高效的农产品质量安全预警系统，对预防食品安全危机事件的发生和发展至关重要。

二、构建农产品市场风险预警机制的对策措施

建立跨部门的农产品市场风险预警组织协调机制，建议以价格管理部门为核心，联合农业商务粮食统计贸易以及大型农产品批发市场等有关部门，建立一种农产品市场风险预警组织协调机制，形成一种农产品市场信息共享制度，定期不定期地举行市场会商联席会议，就农产品市场调控中的重要问题进行协调和商榷，建立多部门的组织协调机制，需要各相关部门转变意识，打破行业界限，形成一种协同工作思想，围绕农产品市场这一中心共同开展风险预警工作建立科学的农产品市场监测

与信息采集工作制度。农产品市场风险预警，牵涉市场监测信息收集、风险分析、市场预测以及风险管理等多项内容，是一项复杂而又系统的综合性工作，要将这些工作有机地融合在一起，共同发挥作用，必须要有制度上的保障：一是确立合理的市场监测点。根据农产品的产地销地分布，综合考虑农产品自身特性、气候状况、土壤属性、市场供求、价格预期以及农资供应等风险因素，在全面论证系统分析的基础上，确立农产品市场监测点。二是建立标准的市场信息采集规范。当前，有些农产品市场信息内涵不清语义不明，甚至产生歧义，导致了农产品市场信息的难以融合与难以标准化处理，也给知识挖掘带来了不便。因此，明确界定农产品信息的标准含义已经成了当前重要的工作之一，在明确标准含义的基础上，要确定信息采集的范围频率，为风险预警提供必要的充分的数据支持。三是构建规范的信息处理分析制度。根据市场监测结果，运用现代信息技术开展数据融合研究，对采集农产品市场信息进行自动化处理，建立坚实的农产品市场风险预警财政投入保障机制，政府应在每年的公共财政支出中，明确列出一定额度的资金，专项用于农产品市场风险预警工作，从而保障这项事关"三农"、事关民生的工作机制的形成与发展。

财政投入的重点领域主要集中在以下几个方面：一是监测点的硬件投入，围绕信息采集、数据融合和信息传输的实际需要，需要配置必要的硬件设备，比如：计算机数据采集器、传感器等仪器设备；二是风险预警的软件投入，研发农产品信息采集技术，开发农产品市场信息数据处理分析软件，研究农产品风险预警系统平台等，都需要财政的长期扶持；三是工作经费的投入，从经济学的角度分析，农产品市场的风险预警属于公共物品，需要政府来履行职责，农产品市场风险预警，涉及面广专业性强，是前沿性学科，更需要持续不断的财政支持，建立完善的农产品市场风险预警科技保障体系。

科学监测、科学分析、科学管理是农产品市场风险预警机制的基本要求，有效发挥市场风险预警机制的作用，离不开科技的力量，要充分依靠信息技术，实现市场信息的自动采集、智能加工，保证监测数据的真实快捷，增强预警工作的可操作性；要充分利用经济分析和信息分析技术，实现市场风险分析预警的模型化，增强分析结果的客观性；要充分借助现代通信技术，发挥电子地图等技术的优势，增强风险管理的针对性，农产品市场风险预警机制的建立，要时刻依赖科技的力量，以科学的手段和观念开展预警工作，增强风险预警的准确性和科学性，才有利于农产品市场风险预警机制的持续健康发展。充分发挥科技的力量，需要有一套完善的科技保障体系作支撑：一是培养一支固定的专家队伍，通过工作经费的持续资助以及制度上的保障，使农产品市场风险预警分析的人员专业化、职业化，使其能长期稳定地从事这项工作，并使分析人员的专业更加细化，可以具体到农产品品种的专业分析上；二是培育一批实用的科技成果，通过理论研究与实践检验的不断结合，强化示范基地的建设和作用，将理论研究成果实用化，提高科技成果的转化效率，提升农产品市场风险预警分析的科学性。

三、完善农产品质量安全预警体系的对策建议

我国在预警体系的建设中已经做了一定的工作，例如风险监测、监督抽查、形势会商制度、舆情监测制度等，这些工作的开展为预警系统的建立打下了一定基础。在今后的工作中，要加强对全国性的重大农产品质量安全事件进行研究，总结经验；要对我国近几年例行监测和监督抽查等的结果进行系统分析，发现问题；要密切关注国外对农产品技术性贸易壁垒的动态以及发达国家农产品标准的变化，增强对风险的快速反应能力；通过对农产品质量安全风险的分析，根据风险程度事先发出警报信息，提示农产品生产者经营者、决策者警惕风险，采取对策，提前预防。

1. 完善农产品质量安全预警信息体系

长期以来，我国的农产品质量安全管理一直受到质量安全信息获取不及时、不完整、不准确以及信息发布的行为不规范等的影响，政府、生产者、经营者、消费者之间无法形成良性的互动，导致风险评估及预警工作的开展遇到重重障碍，政府在潜在风险面前毫无察觉，甚至无能

为力。因此，一个完善的预警系统，是以先进的信息管理体系为支撑的，要顺利地建立预警体系并有效地运行下去，必须全力以赴做好信息平台的建设。

（1）完善信息内容，建立"从农田到餐桌"的预警信息采集体系。农产品质量安全是一个"从田野到餐桌"的系统工程，涉及很多部门。而预警信息的采集是预警工作的基础，应该建立一套"从土地到餐桌"，覆盖面宽、时效性强的完整体系。信息来源主要是各级政府职能部门的农产品质量安全监测数据信息，日常监管信息，工商、质检、卫生等部门的质量安全信息，媒体报道个案信息，社会热点舆情信息，由农产品质量安全事件引起的突发性群体事件等。信息的范围包括产品环境、产品质量、投入品、生产、流通等方面的信息，以及国家发布的安全状况评估信息、有关国内外政策法规、质量标准信息等。对于预警信息的搜集要建立长效机制，制订工作方案，规定预警信息搜集的范围、对象、途径、频率等，并保障工作运行的经费和人员。

（2）对信息进行分析，构建信息分析预测和预警体系。在农产品质量安全信息需求中，无论是制定政策的各级主管部门，还是实际进行生产的企业以及消费者，需要的不是未经加工的原始信息，而是经过专门研究和分析的权威性信息。而农产品质量安全信息分析预警是一个科学、复杂的系统，对我国来说是一个全新的领域，除在管理层面加大力度外，还需要一定的科技投入，包括技术研发和专业人员的培养。对采集的信息进行加工处理，建立加工农产品质量安全预警指标体系以及预警系统，需要建立科学合理的信息分析流程，对隐患及未来会产生的影响进行科学分析，得到一批高质量的、权威的、有参考价值的预警信息；要加强对安全预警阈值（即安全警戒线）的研究，并确定预警的级别；要研究利用计算机进行数据统计、风险分析、筛查等，提高分析的准确性和时效性，通过对信息快速准确的分析，发出预警，为管理部门和生产者提供参考服务，并及时向社会发布，做到有备无患，及早提出解决和处理的方法。

（3）建立统一的预警信息交流与共享平台。农产品质量安全预警系统的成功构建，除了系统内部的构架建设外，也需要良好的外部环境，因此要搭建预警信息的交流与共享平台。农产品质量安全预警要结合农业、卫生、质检、食药、工商等在内所有的质量安全风险信息，在现有分散的质量安全信息资源的基础上进行系统整合，并将采集的质量安全风险信息标准化、规范化，建立覆盖面宽、时效性强、跨部门的风险信息交流平台，才能真正实现资源共享，优化配置农产品质量安全预警信息资源，加强各部门、消费者、农户之间的信息交流，便于全面、及时地掌握信息。只有让公众了解安全风险的相关信息，才可能有效地避免危害的发生。因此，要建立农产品质量安全预警结果通告制度，向消费者和有关部门及社会快速公布预警结果，将农产品不安全因素控制在萌芽状态中，减少信息不对称导致的质量安全事件的发生。

2. 加强指导，切实发挥预警工作的时效性和实效性

我国目前食品管理机构分散，需要建立统一协调的预警机制，做到职责分工明确，行动统一，协调有力。各级农业部门要成立预警工作领导小组，研究制订预警工作方案、制度、流程及保障措施，并进一步完善法律法规体系，加强法律法规体系中的预警机制建设，使食品安全预警工作具有强有力的保障机制。增加预警工作的财政和科技投入，在实施过程中要切实加强与相关产业、部门工作的协调与配合。开展相关的培训、宣传，提高对预警工作的认识，将预警工作纳入农产品质量安全管理的日常工作当中，通过构建预警系统，化解安全风险，最大限度地减少农产品质量安全风险带来的损失，保证农业产业持续健康发展。

3. 引入先进的预警技术和方法，发展我国风险评估技术

参考美国、欧盟等发达国家风险分析原则，建立适合我国国情的风险评估模型和方法。为了评价我国食品安全性，并为风险评估提供有效的数据，需要建立食品安全监测点进行主动监测，获得我国食品安全状况动态规律，包括本底水平和我国食品安全危害的区域分布、时间动态和污染水平，建立我国主要食品中重要危害物监测基本数据库，对食品供应链从生产、加工、包装、储运到销售过程进行全程监控和溯源。

4. 加强农产品质量安全预警人才培养

组织专业科研力量全面地分析研究农产品质量安全风险预警及快速反应体系及相应的保障措施，研究制定重大农产品质量安全事件应急处理工作手册，为建立质检系统各部门之间的长效工作机制，快速高效应对食品安全突发事件提供保障和工作基础。还要改变目前的人才培养模式，加大人才培养的广度和力度。在依靠正规的高校教育培养专业人才外，结合学科建设，依靠在职培训和教育培养，采取跨学科、跨专业的联合人才培养模式，提高预警人员数量和素质，培养热爱预警工作、懂得农产品质量安全预警相关技术的人才，以缓解农产品质量安全预警专业人才匮乏的现状。

5. 建立健全农产品质量安全预警应急机制

要进一步加强对农产品质量安全的监管，有重点、有计划地进行抽检，并根据质量问题的严重程度，对有可能引起区域性质量问题的产品，及时向政府及各相关部门报告，同时发出农产品质量安全警告、警示或通报，以确保出现农产品质量安全事故时能及时、准确、有效预警和处置。要建立健全有关农产品质量安全制度和相应的应急预案。以便出现农产品质量安全事故能及时采取应急处置措施，并按预案组织实施，确保人民群众生命安全。

6. 建立农产品质量安全预警网络资源，推进信息共享制度

一是要建立乡镇、县、市、省四位一体的农产品质量安全监管网络系统；二是要建立覆盖面更宽、时效性更强的农产品安全预警数据共享平台，包括农产品数量及质量安全数据采集模块、农产品质量检测分析预警系统模块、农产品安全预警通告模块。数据共享平台通过对已有部门预警网络进行有效整合，构建统一协调、高效权威的预警系统，向消费者、经营者、生产者和政府决策部门快速通报农产品安全预警信息，将农产品不安全因素控制在萌芽阶段。

四、小 结

农产品质量安全预警体系是一个系统工程，需要政府部门、生产者、消费者的共同努力。需要提高对农产品质量安全预警工作的重视程度，加强宣传工作，提高公众的农产品质量安全意识，共同推进我国农产品质量安全预警工作的开展。

本章从农产品质量安全预警体系存在的问题着手，提出了要构建符合我国国情的农产品质量安全预警体系的对策和建议。

第八章

结　语

一、结　论

1. 总结

随着人们对农产品的需求越来越高，物联网在农业上的应用范围也越来越广泛，通过各种传感设备、传输设备等物联网设备可以收集到农产品供应链中各个环节、来自各个检测监管部门的大量的农产品质量安全数据，如何能够充分利用好这些数据以减少农产品质量安全事件的发生，为各级监管部门进行提前预警和应急响应提供数据支持，最终为社会大众服务是我们的目的。

本书的主要贡献总结如下：

对于复杂的农产品质量安全检测数据，首先，提出了对农产品各指标数据进行标准化处理并进行向量空间表示的方法，并在此基础上提出了一种综合利用 LDA 主题模型和信息增益 IG 方法相结合的特征选择方法，构建农产品质量安全指标体系；基于构建的指标体系，提出了利用回归方法对影响农产品质量安全的关键因素进行分析的方法，以及构建基于时间序列发现的农产品质量安全预警模型的方法和基于高精度拟合模型的农产品质量安全预警模型的构建方法。其次，提出了基于数据驱动的农产品质量安全预警创新机制，并在此基础上提出构建基于物联网技术的农产品质量安全预警系统的主要功能设计。最后，给出了构建农产品质量安全预警体系的对策和建议。

2. 不足

因精力和能力有限，本书还存在一些不足和遗憾：

（1）由于物联网的复杂性，要真正在农业领域得到普及还需要一定的时间，而且由于各监测部门之间的不连续性，要获得来自各个部门的连续的检测数据比较困难，所以，数据的获得受到了一定的限制；

（2）基于物联网的农产品质量安全预警系统的主要功能还可以根据具体技术的实现程度继续向下延伸。

二、未来展望

农产品质量安全预警在防止农产品质量安全事件发生方面起着至关重要的作用，因此，需要精确性非常高的预警模型进行支撑，随着科学技术的发展以及科学技术在农业方面的应用越来越广泛，数据获得的来源和途径会越来越丰富，所获得的数据也越来越多，数据的处理方式也越来越多样，处理速度也越来越迅速，通过训练得到的预警模型也会越来越精确，预警系统的功能也会越来越完善，为相关部门的监测及应急响应提供越来越精确的数据支撑。

参 考 文 献

［1］《浙江省重大科技专项——农产品质量安全与环控农业技术实施方案》，http：//www. zjkjt. gov. cn/html/kjjh/detail. jsp？ Lmbh = 0207&lmms = % E7% BB% 89% E6% 88% 9E% E5% A6% A7% E6% B6% 93% E6% 92% BB% E3% 80% 8D&xh = 12374。

［2］文君：《发达国家农产品质量安全管理一瞥》，http：//www. qagri. gov. cn/html/2007 - 7 - 10/2_2167_2007 - 7 - 10_22347. html。

［3］薛亮：《农产品质量安全的关节点》，载《经济》2007 年第 3 期，第 54 ~ 56 页。

［4］食品伙伴网：《我国农产品质量安全管理分析》，http：//www. dhfs. gov. cn/Folder7/2007914/1276. shtml. 2007 - 9 - 14。

［5］戚建江、郭智成、金培刚：《我国食品安全战略措施的建议与思考》，食品安全监督与法制建设国际研讨会暨第二届中国食品研究生论坛论文集（上），2005 年。

［6］王玉环、徐恩波：《农产品质量安全内涵辨析及安全保障思路》，载《西北农林科技大学学报（社科版）》2004 年第 6 期。

［7］金发忠：《把握农产品质量安全的真切内涵》，载《农业环境与发展》2006 年第 5 期。

［8］许世卫：《农业大数据与农产品检测预警》，载《中国农业科技导报》2014 年第 5 期，第 14 ~ 20 页。

［9］Joachim Von Braun et al. , ImProving Food Security of the Poor, Washington D. C：International Food Policy Research lnstitute，1992.

［10］赵春明：《农产品质量安全含义探析》，载《农产品加工》2005 年第 1 期。

［11］FAO. Risk Management and Food Safety. RePort of Joint FAO/

WHO Consultation Rome R. Py. ltaly, 1997.

〔12〕 刘为军、潘家荣、丁文锋:《关于食品安全认识、成因及对策问题的研究综述》,载《中国农村观察》2007 年第 5 期。

〔13〕 卢良恕:《当前粮食安全问题的战略分析》,WWW. SFNCC. ORG. CN&copy. 2004 – 5 – 25. 国家食物与营养咨询委员会。

〔14〕 周德翼、杨海娟:《食物质量安全管理中的信息不对称与政府监管机制》,载《中国农村经济》2002 年第 6 期。

〔15〕 Nelson. Information and consumer behaviour. *Journal of Political Economy*, 1970 (81): 729 – 754.

〔16〕 Grossman S J. The Informational Role of Warranties and Private Disclosure about Product Quality 〔J〕. *Law Econ*, 1981, 24 (3): 461 – 483.

〔17〕 Ackerlof G. The Market for Lemons: Quality Uncertainty and the Market Mechanism 〔J〕. *Quarterly Journal and Economics*, 1970 (84): 488 – 500.

〔18〕 Caswell J A. Mojduska EM. Using Informational Labeling to Influence the Market for Quality in Food Products 〔J〕. *American Journal of Agricultural*.

〔19〕 Jouve J. L. Reducing the Microbiological Food Safety Risk: A Major Challenge For The 21st Century. WHO Strategic Planning Meeting. Geneva, 20 ~ 21 February 2001.

〔20〕 Julie A Caswell. Trends in Food Safety Standards and Regulation: Implications for Developing Countries, For food, Agriculture, and the Environment, 2003.

〔21〕 唐晓纯:《食品安全预警理论、方法与应用》,中国轻工业出版社 2008 年版。

〔22〕 安建、张穹、牛盾:《中华人民共和国农产品质量安全法释义》,法律出版社 2006 年版。

〔23〕 中国农科院农业质量标准与检测技术研究所:《农产品质量安全风险评估——原理、方法和应用》,中国标准出版社 2007 年版。

〔24〕 Voet H, Mul A, Klaveren J. A probabilistic model for simultaneous exposure to multiple compounds from food and its use for risk benefit assessment［J］. *Food and Chemical Toxicology*, 2007（45）：1496 – 1506.

［25］JECFA. Evaluation of certai food additives and the contaminants. *Sixth-fourth report of the Joint FAO/WHO Expert Committee on Food Additives*, *summary and conclusion*［M］. Geneva：World Health Organization, 2005：17 – 19.

［26］Daniel L, Gallagher. FSIS risk assessment for listeria monocytogenes in deli meats. Washington DC：FSIS/USDA, 2003：33 – 46.

［27］王志霞：《区域规划环境风险评价理论、方法与实践》，同济大学工学博士学位论文，2007 年。

［28］万宝瑞：《关于农业产业化经营的调查报告》，载《中国农业信息快讯》2001 年第 4 期，第 3～4 页。

［29］刘振伟：《关于农产品质量安全管理问题》，载《食物安全与营养健康》2002 年第 1 期，第 15～16 页。

［30］赵洪亮、王艳等：《面向二十一世纪的山东农药工业》，载《山东化工》2003 年第 32 期，第 37～39 页。

［31］唐晓纯、许建军等：《欧盟 RASFF 系统食品风险预警的数据分析研究》，载《食品科学》2012 年第 5 期，第 285～292 页。

［32］Muhu Khairulzaman Abdul Kadi, et al. Grain Security Risk Level Prediction Using ANFIS［J］. *Third International Conference on Computational Intelligence*, Modelling & Simulation, 2011：103 – 107.

［33］K. N Zheng, K. Yang. Research on China's Food Industry Security early warning Based on Prospect Theory［J］. *26th Chinese control and Decision Conference*（*CCDC*）, 2014：2560 – 2565.

［34］顾小林、张大为、张可等：《基于关联规则挖掘的食品安全信息预警模型》，载《软科学》2011 年第 11 期，第 136～141 页。

［35］DI Leblanc, et al. A national produce supply chain database for food safety risk analysis［J］. *Journal of Food Engineering*, 2015（147）：24 – 38.

［36］X. Y Lu. China's food security and early-warning system based on vector auto regression（VAR）model［J］. *Transactions of the Chinese Society of Agricultural Engineering*, 2013, 29（11）：286 – 292.

［37］白茹：《基于信号分析的食品安全预警研究》，载《情报杂

志》2014 年第 9 期，第 13 ~ 16，32 页。

［38］曹春丽：《基于供应链的肉食品安全预警研究》，湖南工业大学硕士学位论文，2014 年。

［39］H. Yu. An empirical study on food safety early-warning based on internet information ［J］. *Proceedings of the 5th International Asia Conference on Industrial Engineering and Management Innovation*，IEMI 2014，2014：199 - 202.

［40］肖婉凝：《吉林省食品安全风险监测预警系统构建研究》，吉林大学硕士学位论文，2014 年。

［41］雷勋平、邱广华、杜春晓等：《基于供应链和集对变权模型的食品安全评价与预警》，载《科技管理研究》2014 年第 18 期，第 41 ~ 47 页。

［42］李婷婷、梁丹辉：《农产品数量安全预警研究进展》，载《中国食物与营养》2016 年第 10 期，第 18 ~ 21 页。

［43］黄红星、李泽、郑业鲁：《农产品数量安全监测预警发展探析》，载《农业科技展望》2014 年第 3 期，第 50 ~ 53 页。

［44］邹小南、鲍宇峰、王高峰：《农产品产地安全预警方法研究》，载《安徽农业科学》2012 年第 23 期，第 11904 ~ 11907 页。

［45］刘波、郭平、丁德红等：《农业物联网产品质量安全实时监测电子秤设计》，载《物联网技术》2013 年第 7 期，第 31 ~ 34 页。

［46］李祥洲、廉亚丽、戚亚梅等：《农产品质量安全网络舆情预警机制探讨》，载《中国食物与营养》2013 年第 10 期，第 5 ~ 8 页。

［47］黄晓娟、刘北林：《食品安全风险预警指标体系设计研究》，载《哈尔滨商业大学学报（自然科学版）》2008 年第 5 期。

［48］杨艳涛：《加工农产品质量安全预警与实证研究》，中国农业科学研究院博士学位论文，2009 年。

［49］杨艳涛：《中国农产品质量安全风险分析与预警对策》，载《世界农业》2009 年第 4 期。

［50］安珺：《基于层次分析法的乳品质量安全预警系统研究》，东北农业大学硕士学位论文，2012 年。

［51］张东玲：《农产品质量安全综合评价理论与方法研究》，青岛

大学博士学位论文，2009年。

[52] 唐晓纯：《多视角下的食品安全预警体系》，载《中国软科学》2008年第6期，第150～160页。

[53] 陈原：《构建食品安全供应链协调管理系统研究》，载《中国安全科学学报》2010年第8期，第148～153页。

[54] 何坪华、聂凤英等：《食品安全预警系统功能——结构及运行机制研究》，载《商业时代》2007年第33期，第63～64页。

[55] 章德宾、徐家鹏、许建军等：《基于监测数据和BP神经网络的食品安全预警模型》，载《农业工程学报》2010年第1期，第221～226页。

[56] 张东玲、高齐盛、杨泽慧：《农产品质量安全风险评估与预警模型：以山东蔬菜出口示范基地为例》，载《系统工程理论与实践》2010年第6期，第1125～1131页。

[57] 孔繁涛：《畜产品质量安全预警研究》，中国农业科学研究院博士学位论文，2008年。

[58] 潘春华、朱同林、张明武等：《食品安全信息预警系统的研究与设计》，载《农业工程学报》2010年第S1期，第329～333页。

[59] 郑培、吴功才、王海明等：《食品安全综合评价指数与监测预警系统研究》，载《中国卫生检验杂志》2010年第7期，第1795～1796页。

[60] 晁凤英、杜树新：《基于关联规则的食品安全数据挖掘方法》，载《食品与发酵工业》2007年第4期，第107～109页。

[61] 徐燕伟：《增量关联规则算法及其在食品安全监管中的应用》，浙江大学信息科学与工程学院硕士学位论文，2008年。

[62] 石慧芳、李莎等：《农产品质量安全预警系统研究思考》，载《广东科技》2012年第1期，第159～161页。

[63] 韩乐悟：《农业部成立农产品质量安全专家组首批66位专家获聘》，载《法制日报》2011年9月30日。

[64] 农业部农产品质量安全监管局：《农业部关于增聘农业部农产品质量安全专家组专家的通知》，2012年7月26日，http://www.moa.gov.cn/govpublic/ncpzlaq/201208/t20120813_2823330.htm。

［65］晏绍庆、康俊生、秦玉青、李雪花：《国内外食品安全信息预报预警系统的建设现状》，载《现代食品科技》2007 年第 12 期，第 63 ~ 66 页。

［66］乌鲁木齐市农牧局：《乌鲁木齐市农产品质量安全预警信息系统年内正式投入运行》，2012 年 5 月 18 日，http：//www. xj-agri. gov. cn/Html/ 2012_05_18/2_10773_2012_05_18_21560. html。

［67］中国江苏新闻：《南京农产品"隐私"注入 IC 卡》，2004 年 11 月 20 日，http：//news. jschina. com. cn/gb/jschina/news/node7774/node 7776/userobject1ai586470. html。

［68］陈锡文：《试析新阶段的农业、农村和农民问题》，载《宏观经济研究》2001 年第 11 期，第 12 ~ 26 页。

［69］陈永红：《食物安全管理理论与政策研究》，中国农业科学技术出版社 2007 年版。

［70］张耀钢、李功奎：《农户生产行为对农产品质量安全的影响分析》，载《生产力研究》2004 年第 6 期，第 34 ~ 36 页。

［71］钱永忠、王敏、吴建坤：《试论我国农产品质量安全水平提高的制约因素及对策》，载《农业质量标准》2004 年第 5 期。

［72］Zhu Yusheng, Huang Xiaoqing, Zhang Junyong, Luo Jie, He Jie. Fault Diagnosis for Power Equipment Based on IoT. International Workshop on Internet of Things（IOT 2012），Changsha，2012：298 – 304.

［73］胡雯、孙云莲、杨成月、张翔：《基于物联网的智能电网信息化建设研究》，载《智能电网》2013 年第 13 期，第 51 ~ 54 页。

［74］Meng Yang, Fengjie Sun, Ben Wang, Xiangzhen Li, Yan Zhen. Application of IoT in Intelligent Community［C］. ICEESD2012.

［75］韩家炜、米歇琳坎贝尔、裴健著，范明、孟小峰译：《数据挖掘概念与技术》，机械工业出版社 2007 年版。

［76］唐果：《基于语义领域向量空间模型的文本相似度计算》，云南大学硕士学位论文，2013 年。

［77］邹友龙、胡法龙、周灿灿等：《径向基函数插值方法分析（英文）》，载《Applied Geophysics》2013 年第 4 期。

［78］M Pal, GM Foody. Feature Selection for Classification of Hyperspectral Data by SVM ［J］. *IEEE Transactions on Geoscience & Remote Sensing*, 2010, 48 （5）: 2297 – 2307.

［79］ T Abeel, T Helleputte et al. Robust biomarker identification for cancer diagnosis with ensemble feature selection methods ［J］. Bioinformatics, 2010, 26 （3）: 392 – 398.

［80］ GU Q, LI Z, HAN J. Generalized fisher score for feature selection ［C］//27th Conference on Uncertainty in Artificial Intelligence. Barcelona, Spain: AUAI Press, 2011: 226 – 273.

［81］ J Tang, S Alelyani et al. Feature selection for classification: A review ［J］. *Documentacion Administrativa*, 2014: 313 – 334.

［82］ D M Blei, A Y Ng, M I Jordan. Latent Dlrichlet Allocatlon, Journal of Machine Leaming Research, 2003 （3）: 993 – 1022.

［83］［美］迪达等著，李宏东等译:《模式分类》（第二版），机械工业出版社 2003 年版。

［84］ Powell, M. J. D. , Radial basis function for multivariable interpolation: a review. IMA Conference on Algorithms for the Approximation of Functions and Data, RMCS, Shrivenham, 1995.

［85］ 吴宗敏:《径向基函数、散乱数据拟合与无网格偏位方程数值解》，载《工程数学学报》2002 年第 2 期，第 10 ~ 11 页。

［86］ Friedman N, Geiger D, Goldszmidt M. Bayesian Network Classifier ［J］. *Machine Learning*, 1997 （2）: 131.

后　　记

本书写作过程中，在农产品质量安全管理方面，笔者曾请教过同事孙国华副教授，在农产品质量安全预警方面，笔者曾请教过山东财经大学管理科学与工程学院副院长刘位龙教授，感谢他们在写作期间提供的宝贵指导意见和支持。

感谢山东财经大学管理科学与工程学院的刘培德院长、刘位龙副院长、陈浩副院长、马建华副院长以及各位同事在写作过程中所给予的帮助和鼓励以及在出版上的支持，在此向他们表示深深的感谢。

本书是山东省重点研发计划《智慧农业趋势下农产品质量安全预警若干关键问题研究及系统实现》（2016GSF120013）、山东省自然科学基金《成本感知的高可靠云数据副本技术研究》（ZR2016FM01）、山东省高校人文社科研究计划资助项目《基于数据挖掘方法的食品质量安全风险预警及政策支持研究》（J15WB10）的研究成果，在此为其提供的资助表示感谢。

最后，要向我的父母、老公和三个可爱的孩子表示感谢，是他们给予了我精神上的支持和帮助，让我顺利完成了写作。

由于时间和精力有限，文中尚有许多不足之处，希望得到读者的指正、建议和建设性批评。

祝翠玲

2019 年于山东财经大学